発行に際して

　このパンフレットは、一九七九年七月二八～二九日に神戸学生・青年センターで開かれた「第五回朝鮮史セミナー夏期特別講座」の記録である。梶村氏の講演を神戸、大阪、京都のセミナー事務局が原稿化し、その後梶村氏に加筆修正していただいたものである。注および質疑応答も、当日の質問等を参考にして梶村氏に書いていただいた。（見出しは編集部）多忙の中、原稿に手を入れて下さった梶村氏に感謝いたします。

　朝鮮史セミナーは一九七二年六月に神戸で始まったが、これは神戸学生・青年センターの理事である韓晳曦氏の訳書『朝鮮自由のための闘い』（太平出版社）の刊行を契機としている。以来、神戸でのセミナーは十四期を迎えています。

　神戸の朝鮮史セミナーは、一九七五年五月に朝鮮語講座を生み、また地域的な拡がりをみせて、七四年十一月より大阪朝鮮史セミナー、七五年四月より京都朝鮮史セミナーを、そして七六年五月には広島で原田環氏を中心とする広島朝鮮史セミナーを生みだしている。（各セミナーの記録については巻末の資料参照。）

　また一九七五年より毎年七月に、神戸学生・青年センターで神戸、大阪、京都の三つのセミナーの共催により「朝鮮史セミナー夏期特別講座」を開いている。本パンフレットはその第五回の記録である。

　朝鮮史セミナーは、朝鮮（人）に対する偏見が未だ根強い日本社会にあって、それを克服するための一つの手段として、朝鮮の古代から現代にいたるまで連綿と朝鮮民衆により作りあげられてきた朝鮮の歴史・文化を正しく学ぶために開かれている。このセミナーが、講演を心よく引きうけて下さった先生方や熱心な参加者に支えられてここまで続けることができたことを心より感謝いたします。

　ここに梶村秀樹氏の講演録「解放後の在日朝鮮人運動」とともにセミナーの記録を発行し、朝鮮および日本を正しく理解するための歩みを更に続けていくための糧としたいと思います。

一九八〇年七月

神戸、大阪、京都朝鮮史セミナー運営委員会

目次

第一部 解放直後の在日朝鮮人運動（一九四五・八〜一九五〇） 4

第二部 朝鮮戦争下の在日朝鮮人運動（一九五〇〜一九五三） 34

第三部 分断固定化時代の在日朝鮮人運動（一九五三～一九六五） 62

第一部

解放直後の在日朝鮮人運動

（一九四五・八〜一九五〇）

梶村です。今紹介いただいたとおり遠くから来ましたが、最初、主催者の方からこのテーマでしゃべれというふうにお話があったとき、正直言うと少しためらいました。というのはかなり広く浅くいろいろと歴史を勉強してきてはいますけれども、とりわけ、解放後の在日朝鮮人運動史においては、例えば阪神教育闘争のような大きな運動の中心的な地域であった神戸で、つまり色々な体験を持っている方も多くおられる、そういう地域で、書物の上で勉強してきた僕がしゃべるというのは、ちょっとためらわれるという気持ちがなくはなかった。で、なんで私がこのテーマでしゃべるんですかとききましたら、やはり色々な意味で、在日朝鮮人運動の当事者でないほうがかえって語りやすいというところがあるのじゃないかというふうに思ってだと言われまして、なるほどそうい

うことも一面たしかにあるかなと思って、生産的な議論がすすむきっかけにでもなればということから、あえてひきうけてしまいました。我ながら心臓なんですけれども、今夜から三回かけて自分なりの仕方でしゃべってみたいと思います。

そういうことですので、最初に一括して、おことわりみたいなことを全部言ってしまいますが、客観的というか、何が問題だったのかということをかなり大まかに整理していくつもりです。年表風に細かくいろんなことをしゃべっていくというやり方ではなくて、何が問題かをあえて大まかに整理してみるつもりです。むしろなるだけ私としては話は短かく、わりきってしゃべって、質疑というよりも討論の時間を多く持ちたいと思います。

在日朝鮮人運動史の整理作業を！

ところで、朝鮮の解放、日本の敗戦からもう三十年以上過ぎ、特に今夜のテーマである一九四五年から五〇年までという解放後第一の時期は、その最後の五〇年から数えても、すでに約三〇年たっているわけですね。ということは少なくとも今の若い世代にとって、それから私などにとっても、この時期は、もう実感的な「現在」ではなくなりつつあるということがあろうかと思います。三〇年が大体一世代であるわけですから、今日お話しする三〇年前の時期というのは、我々にとってそれぞれ自分たちの親たちが自分と同じ年齢だったときのことということになろうかと思います。そういう意味で、これまでは色々な理由のために、在日朝鮮人運動史というものをきちんと整理する作業がされずにきており、いわば、実感的にいろんな経験をもって様々な試行錯誤を夢中で重ねながら――朝鮮人も日本人もですが――生きてきたゆえに、まとめて過去をとらえかえすというようなことが、あまりされずにきたわけですが、三〇年たった現在、親の想いを知りうけつぐということのためにも改めてそれがやられなければならない時にきている。おそらくこのテーマを設定された皆さんのほうでも、そういう意図があってだろうかと思いますので、なるたけその意図にそえるように話したいと思います。

もちろん、この課題は誰か個人が机の上で通史をこさえるというような性質のものではなく、ここに参加されているみなさんそれぞれがその立場で三〇年間をどうとらえるかを考えていくきっかけがひらけることが必要だと思います。その意味でも、手がかりになるようなポイントポイントだけを押さえていくという形で、また主張もある程度出した形でしゃべりたいと思います。ご批判下さい。

最初に、何といっても、現在から未来にかけてのことを考えていくこともあって、それで過去を振りかえるわけですから、そういう意味で、現在の問題との関係で過去の在日朝鮮人運動史を見るばあいに、何を選び出すべきかを考える基準になるような四つほどの点をまず先に出してみたいと思います。その四つの点から見てそれぞれの時期の運動史はどうだったのかということを順に考えていきたいというわけです。

在日朝鮮人運動の二重の課題

その四つの点の第一というのは、在日朝鮮人運動が一九二〇年代以降、つまり解放前、戦前から今日までずっと、全体としてはつねに二重の課題を負ってきたということです。二重の課題を常に同時に追求する形で進んで来ざるを得なかったし、これからもそうだろうということがあると思います。二重というのは、一つは、朝鮮本国における民衆の運動と何らかの意味で一体になって、大きな意味で朝鮮の解放運動の一環を日本において担うというようなことです。特にこの課題は一九四五年以前の在日朝鮮人運動では非常にはっきりした形で意識されており、民族解放闘争のために本国では状況がら担えない事を、在日の労働組合やインテリなどが担っていくというようなことが実際にあったわけですが（注①）、解放後といえどもそういう面がちがう形で引き継がれ、今でもあるといえると思います。（注②）

それともう一つ、ほかならぬ日本での様々な差別・抑圧にさらされながら生活していく基本的な生活権を守るための、在日の生活と人権のための闘いというきわめて具体的な課題が当然あります。以上の二とおりの事柄を、もう一回整理して言えば、本国民衆の政治生活もふくめた大きな次元での解放運動の一環としてということと、在日の生活と人権を守る闘いという、その二つの課題を同時に追求していくということが、在日朝鮮人運動の基本的な性格としてあるかと思います。

そういう二重の課題を同時に追求するということが、各段階・各時期ごとにどんなふうにきちんとかみあって進められてきたのかということが、第一の〝見る基準〟です。

この二つの課題については、もちろん言葉の上では両方が結合されなければならないということが、常に言われてきた。運動の方針書などを見れば、その両方の課題を常に同時に追求しなければならないとはっきり書いてあるわけですが、実際面においてその二つの課題はストレートにすぐ結びつくということでは必ずしもないわけです。今日そうだというだけではなく、実は解放前でもいまとは別の意味でやはりそうだったと思います。だから現象的には一定ずれることもあるような二つの目標が、どんな形で結びつけられてきたのか、こなかったのか、ということを見ていくことが必要になります。

もちろん、私がこういうふうに言うことは、さいきん、現在の段階では、本国の運動とのつながりをもつ必要は、もはや昔とちがってごく薄くなっており、問題にはならなくなったとか、これからはますますそうなっていくんだとかいうような議論・意見も出てきていますが、私としてはそういう考えには立っていないということなんです。もちろん基本的には解放後三〇年つづいた祖国と在日の分断強制状況のために、いろんな客観条件・事情がちがってきて、ただ気持ちの上で自然と結びついている本国の民衆と在日の民衆とが感覚のところでもおのずから通じあっているというような状態ではなくなっている、ということは確かにある。確かにあるとは思いますが、トータルに生活を考えれば、そうかといって本国とは完全に切れた形になっている、またいくというような見方にはならないと思います。だから今でも課題は二重だろうと考えた上での設定です。

その点に関連して頭に浮かんだことがあります。最近、神戸の青丘文庫が発行された『朝鮮史叢』の創刊号に水野直樹さんが、解放前一九二〇年代末の新幹会の東京支会について、相当詳細に研究された長い論文を書かれていますが、その最後のところで、その時期の新幹会東京支会の運動について――それは当然本国の新幹会運動の一環という形であったわけですが――その〝一体であり方〟が、やはり本国とのちがいやズレと向きあっており、時には本国とちがう状況の中にあるがゆえに、在日特有の発想を本国にストレートに持ちこんでいくというようなことから問題が生じたこともなくはなかったのではないかということを、少しですが議論を出されています。（注③）これは、直接解放後のことではないし、在日の一般性と特殊性のプラス面、マイナス面というようなことは、あまり一刀両断結論を急ぐのでなく、個々のことがらについて具体的に議論をつみあげていくべきでしょうが、一つの実証的問題提起として注目されるべきだと思います。解放後についても、これから具体的に出てきますが、例えば朝連の運動、民戦の運動、それぞれにそういう角度からきちんと議論されなければならないのではないかと思います。

在日朝鮮人運動を考えるための基準の第一番目が以上のことですが、二番目にうつります。

朝鮮本国の分断状況

実は、一番目、二番目、みんなそれぞれ関係しあっているんですが、二番目に、朝鮮本国における南北分断という事情が在日朝鮮人運動にどんな影響を及ぼしてきたのか、あるいはそのことはとりわけそんなには関係ないことなのかという点です。つまり在日朝鮮人運動史を日本の中でだけの問題として考えるのか、本国の事情がどのように変わるかに応じて必ずしも直接にではないにしても間接にかなり影響されながら動いてきたのかという論点があります。

この点については私は、結論的に、やはり事実としていろんな意味で、直接に意識されない場合も含めて、否定しがたく本国の事情が響いていると思います。本国が良くなればいろんな意味で運動――運動だけでなく生活面もふくめて――にそれがプラスにはねかえってくるし、本国でマイナスのことがあればマイナスの影響がはねかえってくるというような関係が、過去においてかなり大きくあったし、今後もそういうことでありつづけるのではなかろうかと思います。そういう意味では、結論自体は見えているような感じですけれども、影響の在日の独自の条件に立つ主体的うけとめ方という問題があるわけで、そのへんをもう少し深く、検討してみたいということです。

日本社会と在日朝鮮人

三番目は、少しちがう観点なんですが、日本社会そのもの、日本社会の側の法律や制度、それから経済や思想状況がどのように在日朝鮮人運動を条件づけてきたかという点です。もちろん、日本人の側の差別意識のありようも含めてですが、ただそういった直接朝鮮人とのかかわりでの思想だけに限定せず、日本社会自体がこの三〇年間に大きく変動してきているわけですが、そういう事柄が在日朝鮮人大衆の生活と、それから当然それに根ざしている運動にどういう影響を及ぼしてきたのか、この点もやはりきちんと押さえていかなければならないと思います。この点は、例えば在日朝鮮人運動を民族運動としてとらえる場合に、それは日本社会の中で行なわれるけれども第一点、第二点とは異なって、日本社会の諸々の事柄とはそんなに関係なく、独自の論理でもって自己完結的にずっと進んできたのだというふうに、理屈の上ではとらえられないこともないと思うんです。しかし日常生活が日本の中で営まれている以上、やはりそう簡単に割りきれるものではないだろうと思います。三〇年の間に日本社会の構造が色々変わってきた、差別意識や差別構造の現われ方にしても、微妙な形態の変化がその間にかなり生じながら今に至っているということがあるだろうと思います。

日本社会の側についてその間の在日朝鮮人に対するあり方をきちんと考えなければならないという課題はもちろん別にあるわけで、それについては、参考文献の中の『戦後の日本国家と在日朝鮮人』という佐藤勝巳さんと一緒に書いた論文などでも、不充分ながら多少議論したことがあるわけですけれど、そんなものを一応念頭におきながら、要するに日本社会との関係で生活条件がどう変わってきたのかということ、また日本社会のそういう変化に在日朝鮮人運動がどのように主体的に対応をしてきたのか、そのありようを考えねばならないと思います。

逆に、日本人の側でよくあることですが、日本社会との関係、例えば日本社会の中の差別の問題という角度からだけ在日朝鮮人問題を考えてしまうのもまちがいかと思います。例えば、部落解放運動についての一定の知識と重ねあわせて、それとたぶん全く同じだろうと見当をつけ、そういう形でだけ在日朝鮮人運動を考えていくというような見方がときどきありがちですが、確かに重なっている面が大いにあるけれど、ちがっている面がやはりあることは念頭におく必要があると思います。つまりこの三番目の角度からだけ割りきっていく見方だと、在日朝鮮人運動の全体像はとらえきれないだろうということがあるように思います。

民衆生活と民族文化

以上が三番目の視点ですが、四番目に、民衆の日常生活の中で、文化と教育が ―― このばあい文化といっても広い意味で生活感覚や価値観、社会関係のスタイルなどもふくめてさします。もちろん言葉もふくみますが単にそれだけではない──、一世たちの文化が、公的な教育や、家庭をはじめそうではない機会を通じてどのように受けつがれてきたのかこなかったのか、その実態はどうだったのかという基準から、ずっと解放後の変化を追跡していく必要があるだろうと思います。

もちろん、そのことについてはさいきんいろんな議論があちこちでなされているように、例えば経済生活にしても、日本社会の中に巻きこまれた形で生活が営まれており、在日朝鮮人だけでまとまってその社会関係の中ですべて完結するというような形で生活が営まれてはいないのですが、そうした状況の中で、本国の朝鮮人と在日朝鮮人の距離といいますか、「ちがう」というようなことが様々な形で語られ、経験されています。そして時には、本国の朝鮮人からの距離、「ちがう」という点だけを強調して、ただちに在日朝鮮人は朝鮮人でなくなりつつあるかのごとく考えてしまうような見方もないではないと思うんですが、やはり僕は「ちがう」にはちがうが事実朝鮮人でなくなりつつあるなどということはないように思います。この四番目の基準をあえてたてるのも、本国の人々とはちがいつつも、一世と二世三世で表現のしかたはちがいつつも、独自に在日朝鮮人の文化を、たぶん保ちうけついできているということが全体としていえようし、必ずしも充分言葉でとらえきられていない〝生活文化〟という形で、差別的でない意味での朝鮮人らしさが、少なくとも今日までのところ一般的に保たれ続けてきていると私は感じています。そういうことが今後も維持されていくであろうか、ということをこれからそれこそ真剣に考えなくてはいけないときにあると思います。それで、いわゆる「同化」という問題にどう立ち向かうかという問題と関連して、普通にいう、いわゆる「民族教育」等より、もう少し広い範囲で、独自の文化というものがどういう形で受け継がれてきたのか、これを考える必要があるだろうと思うんです。それは、運動に即していえば形式的な意味でないそういう人間的な生活文化が、困難な条件の中でも、どれだけだいじにされてきたかという視点になりましょう。

四つ申しましたけれど、それらの点を各時代ごとにみていく、今後のより豊かな、日本人と朝鮮人との相互の間の関係を見出していこうとする意味から、過去の歴史の中で考えていく、というふうにできるかどうか、完全にできれる自信があるどころではないんですけれども、あらかじめこれからしゃべる課題のポイントを定めておいて、それから本題に入りたいと思います。

前置き的なことが長くなりましたが、これからいよいよ本題にはいりたいと思います。

解放直後の在日朝鮮人運動

「解放直後の在日朝鮮人運動」というふうにタイトルがつけられている、そこにはいります。すなわち、一九四五年の八月十五日、日本の敗戦、朝鮮の解放の日から、一九五〇年六月、朝鮮戦争が始まるまでの時期、あらましその期間です。

最初に実感的なことを申しますと、おそらく私より若い世代の方はみんなそうだと思うんですけれど、少しその頃の史料を見ていくと何かにつけて、雰囲気が今とはずいぶんちがうんだなあという感じが強くします。もちろん日本社会の姿もちがいますし、それから在日朝鮮人の側自体もちがいます。やはり三〇年ひと昔というような、いい悪いという問題じゃなくて、今とは時代がちがうんだなあという感じです。あえていえば、これは単に指導方針とか指導者の個性とかそういうようなことではなくて時代状況であり、様々な運動に実際にたずさわった多くの人々、いわゆる民衆が、ごく自然に運動というものに様々な形で能動的に関わっている。それに支えられたかなり強い運動が、とりわけこの時期にはあったように見える。あらゆる意味で、今から考えていうところの〝一世的〟な運動が、典型的に展開していた時期と言えるだろうと思います。

そこから、例えば一世の方々が今の二世三世の世代に対して、そういう四〇年代の運動の記憶があるものですから、ちかごろどうも感じがちがうなあといらだたれるというようなことがおうおうにしてあったりもするように思うんです。それはやはりその間、三〇年の間に色んな条件がちがってきたということの中で、いい悪いではなく当然変らざるを得ない面があってのことと思うんです。だから、四〇年代、この時期の運動はすばらしかったんだなぁ、今とはちがうんだなあということだけに終らせてしまったんでは話にならないわけです。そのすばらしさというようなことを客観的に分析していく必要もあるし、場合によっては批判的にとらえかえすべき点もあろうかと思います。

例えば、この時期は、いわゆる左右両派の対立という面でも、様々な形で猛烈にエネルギーが発揮された時期です。殴りあいまで含むような対立が、この時期には非常にストレートに展開している面もありまして、そういうようなこ

朝鮮人学校は
こうして出発した⇧
東京第三朝鮮人初級学校
(1946年10月)

⇧新しい校舎ができたうれしさにあふれる学童
同校にて (1954年11月)

⇨朝鮮語を仲よく学ぶ
東京第一朝鮮人初級学校
(一九五五年四月)

李東準『日本にいる朝鮮の子ども』(春秋社)より

とを何でもかんでも讃美するということではなくて、見直していかなければならないだろうと思います。

ただそれにしても、僕らは書物を通じてこの時期の運動がどんなふうだったのかを見ていくわけですが、例えば公式文書などよりもある意味では写真のようなもののほうが、実感的にああこんな感じだったのかなあと分りやすいと思って少し持ってきてみました。これは、少し後に出された本ですが、始まったばかりの民族教育の現場の写真です。(注④)露天に机と椅子だけ集めて、これが一九四六年の民族学校の写真です。これはもう少し後、五五年くらいなんですが、色々な弾圧の中で教室がとれなくてでしょうか、こういう形で勉強が行われているという、雰囲気がわかると思います。

「仕事のやり方と会議について」

そういう雰囲気は、例えば「日本共産党関東地方委員会在日朝鮮人党員会議」というような非常にいかめしい感じのする会議の議事録がたまたまここにありますが(注⑤)、そんなようなものを見ても、公式文書らしいかたくるしい文章かと思うと意外に違うんです。べらんめえ調というか、あるいは形式ばらずに極めて具体的な事柄が、耳で聞いてもすぐわかるような言い方で語られており、文字になって残されています。ああこんな調子だったんだな、抽象的な作文などとは違って、時には間違っていることもあったのかも知れないけれど、とにかく大衆運動として展開されていたんだなあということが、そういう文献一つの中からも感じられるわけです。

試みに一つ、こんな調子で、という例を紹介してみましょうか。どこをとってもきわめて具体的で、これは一つの例にすぎないんですが、「仕事のやり方と会議について」というようなことで一項目あります。こんな調子です。雰囲気を伝える意味で、いかめしい肩書の指導的な活動家が報告し討議した内容なんですが、その言葉のまま読んでみます。

「われわれの仕事のやり方ですが、もちろんわれわれの同志のうちにも、世界的にもあるいは日本においても有能な指導者が沢山います。が、それにもかかわらず、現在の革命運動を遂行していく上において、十分にやりとげていくための数が足りないのであります。いろいろな方面に十分に手がとどかないために未熟な理論と未熟な経験によって革命運動を遂行していかなければならない。そういう点で非常に困難な問題が沢山ある。われわれの方針を遂行するために、いろいろな会議をまず沢山持たなければならない。共産党員であると同時に大衆団体の幹部であり、幹部としての役割をも果さなければならない場合も沢山ある。われわれは何らかの形で多くの大衆組織に関係している。こういう場合に、支部の会合、何々の会合といろいろあり、ときには一時に二つ三つの会合が重なるときもある」これは今でもよくあることですが、こういうことを一所懸命論議しあうという雰囲気は、やはり必要だと思うんですが。

「こういう場合、我々は、どの会議に出席すべきか？　そして党の方針をはっきりつかみ、党的即ち全体的立場から見て、どれが重要なのか、どれがあまり重要でないのか、会議の区別がはっきりつかめない場合がある。従ってわれわれの立場から言えば最も重要な会議に、こなければならない同志がこないということが度々おこります。だから、それが二回こない、三回こないと度重なるうちには、党の方針がはっきりつかめなくなって浮いてしまう。若い同志はまじめに参加するから、常に新しい党の方針を理解しているが、古い活動家は会議にあまり出ないんで、たまに出てきて当惑するようなことがおこり、ここで意見の相違が生じるし、こういうところにわれわれの運動がうまくいかない一つの原因があるのではないか。……というような調子でまだまだ続きます。

「神戸の同志」を例にあげて論じているところなどもありますが（注⑥）要するにこういう雰囲気で、さわめてざっくばらん、率直だったようです。人の悪口を言うときでも、ある意味ではメタメタな言い方をして斬りむすぶというような形の中で運動が進行していたありさまが、当時の文献の中によくあらわれていると思います。

そういう一般的な雰囲気にちょっと先にふれてみたわけですが、次に割に表面的な意味で〝組織〟の形がどんな経過をたどってきたのかというところを、ご承知の方もあろうと思いますが、説明しておかなければならないと思います。

在日本朝鮮人連盟（朝連）の結成

この時期の運動を支えた組織は、今の総連ではなく、略していうときはよく「朝連」といわれますが、在日本朝鮮人連盟という組織で、一九四五年八月十五日から間もない時期に、非常に早く生まれてきます。そしてこの解放直後の時期を通じて、おそらくこの団体が在日朝鮮人運動の唯一の大衆的な団体だったと言えるように思います。この間の詳しい経過を年表的にまとめた労作として大阪の朴成玶さんという方が『部落解放研究』の十号から十二号にかけて『戦後在日朝鮮人運動史年表』というものをまとめておられます。色んな史料を集めて何月何日まで記した非常に詳しい年表をつくっておられるわけです。これが十二号までのところではまだ四五年から五二年までしかいっておりませんが、これからもっと先まで整理されていくんだろうと思います。これは、詳しい年表としては非常に参考になるものではないかと思います。あとで学習しなおされるということがありましたら、これを見なおされるといいかと思うんですが、ここではそれを逐一説明していたらそれだけで終わってしまうので、うんと荒っぽく拾い出していく形で話を進めます。

この、いわゆる朝連という組織が生まれてくる最初の動きは、八月十五日から三日目にはもう始まっておりまして、朝連の最初の母体になる在留朝鮮人対策委員会という組織が、八月十八日にできております。その段階では解放前をずいぶんいろんな立場で生きてきた人々が、とりあえず集まったというような性格でありまして、例えば協和会のような日本の戦争中の動員体制に連なるような機関に、巻きこまれていたような人々例えば権赫周《コンヒョクチュ》という名前でそのときは知られ、後に権逸《クォンイル》という名前で知られている、民団の団長をつとめて、その後韓国に帰って今では国会議員をしている人から、共産主義者で転向していた人まで、獄中の人はまだこの段階では参加できていないわけですが、要するに右から左まで、いわゆる対日協力という戦中を生きてきた人まで含んでいました。とにかくその時点では二百数十万の在日朝鮮人が在住していた。強制連行によるばあいも含めてそんなに多く日本に在住していたわけですから、その解放に伴う変化をどうやって生きぬいていくのかという大変な課題のために、とりあえず集まってきて相談をもったというのが八月十八日の会の性格であります。

それが母体になり、色々な相談の輪がだんだん拡がっていって、一九四五年九月十日には、在日本朝鮮人連盟中央結成準備委員会というのが東京で開かれることになります。これは八・一五からまだ一か月もたたない時期です。そしてそれから更に一か月たった十月十五日から十六日にかけて、この朝連が、正式に結成大会をもってスタートするという段どりになります。

ここまでの経過は、例えばそのころ、今の韓国・南朝鮮で八・一五直後から、あるいはそれ以前から、建国準備の活動が進行していたのと同じようなテンポで進んだ。ある意味ではかなり歩調を共にして進んでいたと言えるかと思います。そういう意味で非常に出足がはやかった。それに比べて、日本人の側では、様々な運動体が八・一五直後からこのように活発な動きを始めたということがあるかというと、どうもそうではない。いろんな意味でのブランクが八・一五から二カ月くらいもある。アメリカ軍の進駐は九月になってから本格的になるわけですが ── 日本では八月の末から第一陣が来ますけれど ── そんな時期を待ってから、それにつれてようやく動きが始まる。

獄中同志の解放

例えばこういうことがあります。戦前から非転向で、日本の侵略戦争に反対する意志のために獄中に捕えられたまま敗戦を迎えた人たちがいます。その大部分は左翼で、日本人も在日朝鮮人もいますけれど、そういう人たちをただちに獄中から解放して、彼らが戦後の状況の中で活動できるようにするために努力していく動きなどは、日本人・朝鮮人を通じて、外にいた者の中で、朝連をつくりだしていった在日朝鮮人たちが中心となって進めたといえます。結果として十月になって、徳田球一とか日本共産党の大物といわれるようになる人々が、出獄してくるわけですけれど、それを刑務所の門の前で出迎えた人々の中の多くは、この朝連を結成する活動に従事しているような在日朝鮮人であったそうです。（注⑦）日本人で迎えに出た人はあまりいなかったという状態が、その当事者、経験者によって語られたりしています。確かに、日本人の大部分が戦争の体制にかなり巻きこまれていたから、敗戦で方向感覚を失って、どう生きていったらいいのかというようなことが、ちょっとわからなくなってしまい、一般的にはブランクの状態になってしまった。そういう時期に、在日朝鮮人はただちにこれからなすべきことは何かを考え、具体的に行動に着手していくことができたという違いがあった。その違いが何を意味するのかというようなことは、やはり考えてみなければならないことではないかと思います。

とにかく、そういうわけで朝連の組織的な結成活動自体も、非常に順調に非常にはやく進行していました。ところで、この結成大会の段階では、朝連の組織は、戦前以来社会主義者であった人々、いろんな形で社会主義運動をやってきた人々が運営の中心に立ったといわれております。事実そうだったようで、左右でいえば左派がヘゲモニーを握るという形で進行いたしました。準備段階で様々な立場の人が雑多に集まっていた中で、左派が完全に運営の中心を握るということになった。その点について、例えば民団サイドの通史などでは、こんなように書いています。この結成大会に先立って社会主義者があらかじめ会議をもって、ヘゲモニーを独占すべく画策して、その筋書に従ってかなり強引に議事を進め、民団サイドでいうところの民主主義者を排除して、それで朝連の運動を独占するにいたったのだと。これは左派のけしからん陰謀であったというような書き方をしております。

社会主義者のイニシャティブ

事実はどうかというと、いわゆる左派の側が運動のイニシアチブをとるために、フラクションをもち計画をねったというようなことは、それはたぶんあっただろうと思います。しかし、それは単にたまたま一握りの人間が陰謀をくわだてて、それがうまくいってしまったというだけのことだろうか？　事実、そのあとの朝連の活動がずっと左派主導の大衆運動という形で進行していくことはまぎれもない事実なんですが、そういうふうになっていったことが、単に一握りの人たちの陰謀ということだけで説明できるのかという点は、僕はやはり疑問に思います。確かに選挙を通じて指導部が選出されていったのではないにしても、当時の大衆、民衆の雰囲気が、確かにどちらかといえば抗日反帝において徹底していた左派の人々の主張に、好意的なものであったということがあると思います。これから理想的な国家建設を進めるとすれば、今まで下積みで苦労してきた者が中心にならねばならない。

本国においての雰囲気もこれと同じで、例えば農民に土地が与えられ、農民や労働者を中心に国家建設を進めていくのだというようなことが素直にうけいれられえた。かれらは確かに日本のかつての帝国主義に対して最も筋を通して闘ってきたわけだし、運動を進めていく支えになる理論なども、非常に明快なものを左派は持っていたといえる。〝理論〟というほどいかめしいものでないとしても、そういう左派の人々の主張が民衆にとってより良いものと感じられたということはあっての上のことではないかと思います。そして、左派の人々の主張のほうが大衆に通りやすかったことの大きな要素は、理論体系というよりも生き方のちがい、左派右派を代表するそれぞれの人々の生き方のちがいだったといえます。左派の中にももちろん転向者もおり、転向して獄外に出ていたような人ももちろん朝連の運動に参加していくわけですけれど、非転向で獄中を通したような、非常にはっきり筋を通した生き方を、戦争中のあの皇民化政策の時期に、左派のほうが相対的にはしてきた。右派の中にもそういう人がいなかったわけではないけれども、むしろ右派の側で活躍した人々の中には、事務能力などの点では優れていたところがあるが、それゆえ戦争中、協和会等々の活動に関わらせられてきたような人々がかなり含まれていた。その戦争中の生き方の違いが、大衆が左右いずれかの支持を決める場合のむしろいちばん大きな基準だったのじゃないかという気がします。そういう意味では、一定の画策もあったかもしれないけれど、朝連はおのずから左派の社会主義者を中心に展開する大衆運動になっていったのだろうと思います。

事実、この大会の前後から、左派が役員を独占するというようなことになるわけですが、そのときでも、何の名分もなく勝手にやってしまうということではなかったでしょう。それで、今申しました事情を意識的に大衆の前に明らかにしていったのでした。つまり、対日協力者を中心にしては、解放後のこれからの運動を筋を通してやっていくことはできない、明白な対日協力者は排除し、少なくとも運営の中心には筋を通してきた者が、つくべきだという論理でもって、朝連の運動の中心を握っていくという形がありました。そのことについても、そのことだけをあまり杓子定規に適用していくとどうなるのかというような問題はもちろんありますが、基本的に左派の側のほうがそういう主張を使えるような状態にあったことは事実だということを押さえておきたいと思います。

日本共産党と朝鮮人

そういうわけで、朝連は社会主義者が指導するようになりましたが、そうした朝連の幹部となった社会主義者の多くは、あとからくわしく言いますが、日本共産党に所属するといういま思えば不思議ともみえる形がありました。在日朝鮮人社会主義者が日本の党に属するというこの形は、戦前の一九三〇年にはじまって、この期間をへて一九五五年まで続くのです。だから形式的にいえば、日本共産党員である社会主義者たちが朝連の大衆運動を基本的に指導してきたという形になっているわけです。（注⑧）

GHQと朝連

そしてそうした中で、朝連は占領軍と正面から向きあうことになります。もちろん幹部が左派だったからというのが唯一の理由ではなく、朝連の大衆的解放運動自体が占領軍の気に入らない進んだ要素をもっていたからですが……。すでに占領軍がやってきている。マッカーサーがパイプをくわえてやってきているわけですが、マッカーサーに代表されるようなアメリカの戦後政策にとって、南朝鮮の民衆運動についても同じようなことがありましたが、そういう在日朝鮮人運動は、極めて邪魔な存在と映り、日本の諸運動に対してよりも、とりわけてきびしい弾圧が、この朝連の大衆運動に対して加えられるようになっていく。弾圧の側をより正確にいえば、米軍とそのもとの日本政府なのですがしかし、そうしたくり返される弾圧をはねかえすような形で運動は進行していきます。

その間に、阪神教育闘争をはじめ、色々な闘争が数多くあるわけですがここでは省略して、組織の形だけでいいますと、この朝連の組織が、弾圧にもかかわらずずっと続いていき、しかし、一九四九年の九月、ＧＨＱが、当時の団体等規制令——今の破防法の前身にあたるような、要するに占領軍がけしからんと見なしたものを解散させてしまうことができるという内容を持った、かなり恐ろしい法律ですが——を使って、この朝連ならびにその傘下の団体を解散させてしまいました。（注⑨）解散命令を出し、警察力で事務所等の接収を強行し、朝連は結局解散させられてしまいます。この時点は朝鮮戦争を間近にし、占領軍が目に見えて反動化した時期ですが、朝連の指導的活動家たちに対する直接の弾圧もあり、たいへんな苦難に直面するわけです。そこでさらに次の段階に向かう動き、つぶされてしまった組織をすぐに再建する動きが、朝鮮戦争前にもう始まっているわけですけれど、それはあとにして、今夜の話はこの朝連の運動の期間を扱うことにします。

ところで、先程、「この時期には朝連がまだ唯一の大衆団体であった」という言い方をしましたが、これは別に、例えば僕がどっちかというと左派のほうに同情していて右派のほうに同情していないからわざとそういう言い方をするというようなことではないんです。どうも事実そうであったようだということなんです。もちろん、形の上で今日の在日本大韓民国居留民団の前身になるような組織も、一方この時期に生まれてきてはいます。そのことももちろん無視してはいけないわけですけれど、そこのところを少し説明しておく必要があると思います。

在日朝鮮建国促進青年同盟(建青)の結成

当時は左右を問わず「朝鮮」という言葉を使っておりましたが、在日朝鮮建国促進青年同盟 ― 当時の略称では「建青」と言われておりましたが ― という団体が、正確な日時が少しはっきりしないところがあるんですが、少なくとも一九四五年の十一月には生まれてきております。この建青の発足について分ることは、先程言ったようないきさつで朝連が左派中心に運営されるようになっていく過程で、そのことに反対の学生、社会主義者でない学生などの少数の血気さかんなグループが、「ああいう朝連のやり方はけしからん、別個の組織をつくらねば」という考えからスタートさせたものらしいということです。

当時の建青の中心的な指導者として何人かの名が知られておりますが、徐鍾実《ソジョンシル》という方 ― 少し前亡くなりましたが、あとの所でも時々出てくる名前なのであげておきます ― などが、最初からの建青の動きの中心人物の一人だったようです。ところがこの団体は実は、形の上ではともかく実質としては、今の民団に必ずしもストレートにはつながらないのではないかと私は思うんです。確かにこの組織は、この時期には、表面的にいって「反共主義」的な行動の急先鋒としてたちあらわれていました。もっとも、反共主義だとだけ簡単にきめつけられないような感じもあるわけですが、少なくとも「民主的」という言葉を彼らは好んで用いましたし、少なくとも朝連の中心部のいき方に対してはかなり反発を持っていて、明らかに違う道をとろうとした。朝連側は朝連側で、反共主義者、札つきの極右団体として、この組織そのものをつぶそうとかかったりするという尖鋭な対立の形がありました。ところが、この建青はのちの四八年に民団にも反発して離れていくのです。とにかく建青は、解放直後の時期に目立って反朝連的な動きを示した特異な団体でしたが、それはそんなに大きな大衆的基盤をもった組織ではなくて、少数の非常に活動的な青年が集まっている小団体だったというのが事実のようです。

「建青」から「民団」へ

そしてやがて、一歩遅れて四六年四月に、在日本朝鮮居留民団という団体が正式に発足します。そして、それが四八年八月に李承晩政権下の大韓民国成立直後の十月に今日の名称の在日本大韓民国居留民団になっていくのですが、そこのところで実は少し内容的な変化が起っているように思われるんです。普通、建青 — 朝鮮居留民団 — 韓国居留民団というふうに線でつないで説明されていますが……。

つまり、一九四六年十月に、朝鮮居留民団が生まれた時には、その団長は朴烈《パンヨル》でした。この人は、戦前、いわゆる大逆事件（注⑩）で、関東大震災の直後にとらえられ、危うく死刑にされかかったが、かろうじて無期となり、足かけ二三年もの獄中生活を生き抜いて、四五年十月に釈放されて出てきた人です。

朴烈の思想は、普通簡単にアナキズムと言われていますが、狭い意味でのアナキズムとはだいぶ感じがちがい、直接行動主義的なラジカルなナショナリストといった方がより正確ではないかとも思われます。ともかく、その朴烈が団長に推され、李康勲《リガンフン》、— この方はそのご紆余曲折の後に一九六〇年に韓国に帰られ、さいきん回想記などの本をいくつか書かれています。それを読んでも非常に波乱に満ちた闘争経歴をもち現在も健在でいられるそうです。— や元心昌《ウォンシムチャン》 — 少し前に日本で亡くなられましたが — といった人たちが中心を担った。アナキズムそのものではないにしても、たとえば義烈団系などと歩みをともにして、行動的なナショナリストとして、筋を通して生きてきた人たちです。それに加えて、建青に属するような若い学生などが、そのもとに集まるといった形で、この時の民団は形成されたということになります。なお、朴烈という人は、やはり実に個性的な人で、その場その場で思い切った発言をしますし、非常に誠実で正直な人だと思います。重要なことはそういう朴烈のような徹底的に闘ってきた人を中心にするのでなければ、この時期では、朝連と対抗できる組織はなり立たなかったのだということでしょう。日本の協和会などに表立って参加したのではなく、非転向で筋を通してきており、しかも社会主義者ではない人々ということになると、広い意味でのアナキズム系が主なものだったから、おのずからかれらが中心に立つ組織が生まれていくことになったのだといえましょう。

ところが、この最初の段階で建青・民団を形成する中心を担ったこの人たちは、やがて一九四八年以後、李承晩政府がその直轄下に在日の民団の運動を統制していこうとする動きが出てくるにつれて、いずれも民団の組織から離れてしまうわけなんです。それに代って、いわば担い手が交代して、李承晩の考えに従って、その枠の中で——そこではもはや戦前の対日協力などはさして問題とされず、李承晩政権への忠誠度が、上からの編成の基準となった——民団の中心に立つというように民団の質的変化が起っています。

このように建青や朴烈たちは、解放直後には朝連に強く対立しながら、やがて四八年以後にはむしろ李承晩政権を離れて朝連の動きに接近していくのですが、そうした軌跡を支えた思想的内実が何であったかが非常に注目されます。その点、やや意外ですが、組織的には朝連とはでにわたりあっていた四六〜四七年ごろでも、朴烈が言っている言葉をみますと、社会主義者が指導しているとはいえ、大衆団体としての朝連には一目置いており、朝連が教育や帰国の問題などの日常的活動を、かなりしっかりやっていることには、一目を置かざるを得ないとしています。これは、いいかえれば、四六〜七年ころの民団はまだ強く反朝連を意識する少数活動分子の集りで、大衆的基盤をもつにはいたっていなかったということでもありましょうが、表面的にみると、時には死ぬ人が出るようなまでの殴り合いをやったりして、ものすごく対立しあっているようにみえながらその反面、かつて日帝下に似たような苦労をへてきたことからくる相通ずる感覚も、実はあったのではないかとも思われます。

たとえば一九四七年三月二一日付けの民団新聞には、民団の団長としての朴烈の談話がのっていて、その内容は、「居留民団は、いまだに朝連を反動団体として決めつけている訳ではない。朝連内に反動分子（社会主義者のことを指している）がいないという訳ではないが、朝連全体の動きに対して敬意を表しているものであり、祖国同胞のために働くという精神を朝連に認めることができる。」というものなのです。

朝連についていえば、実際この時期には大衆団体として大衆を引き付けており、そしてまた、社会主義者でない人々でも、民団にはいかず朝連の中で活動している人も相当いたというありようだったようであります。そういう意味で、いろいろあったにしても、朝連が実質的な大衆団体としては、唯一の中心的な存在であったということが言えるわけです。だから今日の民団の側から歴史をふりかえる場合でも、むしろある意味では朝連を出発点に置く形でも描かれなければならないとさえ思う次第であります。

それがやがて、南朝鮮で四八年に単独選挙が行われ、李承晩政権が発足すると、その直後に李承晩大統領自身がGHQの肝入りで日本にやってきて、やがて、そこを拠点として、李承晩とはかなり思想の違う朴烈なんかが中心となっている民団を、自分の政府の統率下に置こうとします。ところが、やはりそれはうまくいかないで、結局、朴烈は四九年の十月には、団長をやめると言って、本国へ帰っていってしまう。結局、思うように動かないので、いわば追い出された形です。

なお四八年以後の彼は、金九を多くの点で政治的指針としていたようです。金九は、李承晩の行き方に反対し、統一という観点からして単独選挙に反対するために四八年に平壌まで出かけていますが、社会主義者とはちょうど日本での朴烈と同じように正面から対立してきた人物でありながら、そういう歩みをたどり、結局、朝鮮戦争前の四九年に暗殺されてしまうことになるわけです。朴烈は、それ以後、いろんな紆余曲折があったらしいけれども、朝鮮戦争後、北に移りまして、一九七四年に亡くなりました。亡くなる前にも統一問題について、非常に個性的な自分の言葉での文章をかいていたのが思い出されます。このあとの時期のことはともかくとして、朴烈のような個性的人物を排除した形で、民団の指導部が編成しなおされたということは、象徴的なことです。

この間も民団側はまだそんなに大きな組織ではなく、非常に活動的な人たちは建青というところに属し、このグループがメンバーの点では民団の一番活発な基盤であったと言えますが、しかし、この人たちも朴烈よりむしろ早く、単独選挙に反対していた金九と同じ思想を、よりはっきりとうち出しました。そして、建青の中心メンバーの殆んどは、四八年の初めには民団から抜けてしまっています。そういうことから、形式機構的には整ったけれども、残った民団の側は、むしろ活力のある指導者が、そんなに存在しない状態になります。そして、李承晩政権とGHQの肝入りのもとで、機構としてはだんだん出来上がっていくのだけれども、まだ少なくとも、大衆団体性はそんなに強くないまま、むしろわりに上の方だけが大きい組織であったようです。

以上が組織の形からみたこの時期の運動のあり方です。

こういう状態のもとで、どういう活動が行われ、どういうことがあったのか、ということに話を移していきます。

ここで、も一度まとめていうと今日の民団の一番最初の源流をなす人たちは、朴烈の場合でも、若手の建青に属する活動家の場合でも、李承晩政権に忠実に従うというような考え方とは、かなり違った考えをもっていたと言えます。彼らは、決してマルクス・レーニン主義者ではなく、本国において金九の歩んだ道とかなり似かよった思想的軌跡をたどり、解放直後には左派と極端に対立しますが、やがて、分断が進んでいくなかでは、むしろ、社会主義者と話しあわなければならないという統一の立場を強く出して、単独選挙などに非常に強く反対し、その点で李承晩とは完全に袂をわかっていくという歩みをたどったわけです。

そこで、結果論かもしれませんが、そういう人たちを最初の段階で朝連から排除してしまったことは、どうだったのだろうかという問題もでてくるように思います。その辺の議論は、両方の側の言い分もあるし、一旦、対立が始まると、両方の側でエスカレートしていってしまったという事柄でもあり、あんまり簡単にわりきれないでしょうが、朝連の指導部の側がイニシアティブを取ることに、一所懸命であるあまり、そういう人々にレッテルを貼って、追い出してしまったという面もあるように思われます。また一方、建青の側にしても、この時期においては、朝連批判に夢中になって、それのみに力を注ぎすぎたという面があったと思われます。そういう問題点も、決してきれい事ではなくみておく必要があるだろうと思います。

本国の運動と在日朝鮮人運動

組織の説明はもうきりあげて、この時期に、最初に言った四つの点に照らして、どういう大衆運動がとりくまれたのかをみていきたいと思います。

まず、二番目の視点とかかわることなのですが、本国の民衆運動の動きと在日の運動とが、どのように結び合っていたのかという点をみます。その点は結論的にいうと、いまとはやはりずいぶんちがっていて、かなりストレートにつながっていたと思います。信条の上でも、また心構えや感覚の上でも、また直接に行ったり来たりすることをふくめて運動間に直接の連絡がとられる関係を通じても、特に同じ米軍占領下の南朝鮮の運動とは意外なほど強く結びつけられていきました。そして、日本で運動をすすめていくにあたって、本国の運動と歩みをともにしなくてはならないということが、常に意識されていたことも事実です。解放前の在日朝鮮人の、まだ故郷ときれていなかった生活状態からの連続としても、また日本からの帰国者の流れが大きくある状態からしても、おのずからそうだったのでしょう。それは朝連の指導的な社会主義者の立場で言えば、とくに、南での人民闘争との連携を主眼とすることになります。事実、当時、朴憲永《パクホニョン》が指導していた朝鮮共産党、さらに人民委員会、そしてやがては南労党などとの連係を常に志していたことが分ります。それがやがて、南労党が厳しい弾圧にさらされ、四八年九月に朝鮮民主主義人民共和国が建国される前後からは、はっきりは分らないが漸次、共和国との連絡を持つようになっていきます。一方、先程言いましたように、朴烈などの場合も、金九の本国での動きなどを絶えず指針としながら行動を定めていったということがあります。いずれも自発的に本国の一つの流れに沿おうとして選んでいったものといえます。

たとえば、信託統治問題というのがあります。細かい説明は略しますけれども、一九四五年十二月に、連合国が朝鮮を五年間信託統治下におくことを決定したことが伝えられ、本国でも、在日の人々の中でも、解放された以上当然、ただちに独立が実現すると思っていたのに、連合国がそういうことをするとは何事だ、とんでもないことだという気持ちで、沸き立った時期があります。そうなった米ソ間のいきさつは、もっと複雑なんですけれども、ここでは一応略します。(注⑪) この時左翼の側は、ソ連の考えをうけいれて結局、信託統治案に賛成していくのに対して、本国では金九たちが、日本では建青の若い活動家たちが、同じようにそれに対して、非常にはっきりと反対の姿勢を出し、反託運動を通じて組織をかためていくということがありました。

さらに少し時代が下って、四七〜八年にアメリカの公然たる干渉のもとで、本国で南だけの単独選挙をやって南だけの国家をスタートさせてしまおうという動きが露骨にすすめられるようになり、南の中では、一方では左翼勢力が次々と弾圧され、山の中に追い込まれ、或いは、北に逃げざるをえなくなるというような非常に厳しい状況がありました。そして南の中でそうした単独選挙を粉砕しようとする激しい運動が展開していくのをみて、とくに朝連の側の活動家たちは、厳しい目にあっている南の民衆運動と同じ方向を目指す運動の在り方を、条件の異なる日本の中でも志し、絶えず本国との連係に努める努力をなしつづけます。

「民主主義民族戦線（民戦）」

もっとも象徴的な一つの例をあげれば、また組織の話になりますけれども、朝連は一九四六年の二月に、南朝鮮を中心に形成された民主主義民族戦線、——これもあとで出てくる日本での民戦と同じ略称でよばれますが、実は全然違うものです。南朝鮮の民戦は、米軍の占領政策のもとで、民衆の意志が否定されていく状況に対して、それに抵抗するさまざまな大衆団体が、左派中心に、総結集してできた連合戦線体です。——が結成された時には、日本の朝連も正式に代表を送って、その加盟団体の一つになっています。これは、占領軍が引き揚げは別として、在日朝鮮人も含めて、日本からの国境の出入を一切禁じていた当時の状況から考えると、意外なことですけれども、帰国業務などとの関連もあって、朝連は実際上はかなり頻繁に、南朝鮮に人を派遣しており、派遣された人の本国情勢視察報告というような本が朝鮮語で出版されたりしています。そういう人の往来を通じて、アメリカ軍に占領されている南朝鮮のなまの実状にふれ、在日朝鮮人も同じ米軍占領下の立場におかれているということからでしょうか、当然のことのように南の民戦に正式加盟団体として参加していくということがあります。もちろんこうした往来は時がたつにつれて、困難になり、南の民戦とも分断されていくようになるのですが……。

そのほか、これはまだはっきりはわかっていないこともあるんですけれども、日本の出版物の中に、弾圧が厳しくなる経過の中で南朝鮮で書かれた論文が、匿名の形で日本で公にされるといったこともあったようです。（注⑫）日本人の場合には、当時、自分のことにせいいっぱいで南朝鮮のことは全く視野に入ってなかったというのが実情ですが、朝連の側の運動に携わっていた人の間では、本国のことは人ごとではなく、密接な関係も、いわばなかば公然の事実であったように思われます。

組織の中心的な人たちではなくて、大衆にとっても、当時は南朝鮮に帰国するかどうかを真剣に考えていたさいでもあり、本国の情勢は一体どうなっているんだということは、思想とかイデオロギー以前の問題として非常に切実な関心事であったように思います。そういう大衆的要求にそうためにも、本国情勢を正確に伝えようとする努力が、米国によって妨げられていたにもかかわらず、行われ続けたともいえましょう。

しかし反面、ここからはあとの時期と違うことですが、朝連にしろ、民団にしろ、本国との組織的な関係が、確固たる形で、非常に形式的に、たとえば本国からの指導関係という形で確立していたということではなかった。本国自体が建国の過程にあるわけですから、おのずから在日の人々は、否応なしに自分の頭で考えて、独自に在日の運動の方針を定めていかなければならなかったわけです。事実上自前の運動であり、しかし、気持ちの上では本国の人々とのつながりを強く志向するような、そういう形で運動がすすめられていたと思います。

生活と人権を守る闘い

そういうことからして当然、先程整理した三番目の基準である在日の生活と人権を守る問題は実際の日常活動の中では大きな比重を占めていました。次にその面でどうだったかというほうに話しをうつします。そもそも次から次へと生じてくる日常的な問題に取り組む必要が、朝連の組織がうまれ、育っていったいちばん大きな理由であったくらいで、組織は、可能な限り、あらゆる領域でそういう要求にそうための努力を試みていたといえるように思います。

どういうことかと言うと、まず、一九四五年八月十五日を境として、在日朝鮮人の状態は大きく変わっていたわけです。言うまでもなく、八・一五までは、たとえば、強制連行されてきた労働者についていえば、いやでもおうでも、炭鉱なら炭鉱にしばりつけられて、強制的に働かされるという形でありました。八・一五を転機として、そういう緊縛は少なくともなくなり、文字どおり「解放」されたわけですが、解放されたということと同時に、どこでも勝手に生きろという形で、日本社会の中に放り出される形になってしまったということでもありました。そこで勿論、強制連行で、家族を残して日本に連れてこられていた人々のほとんどが、一刻も早く家族のもとに帰りたいと望んだし、また、実際に帰国していった人が全体の三分の二を占めるのですが、さまざまな事情によって帰るに帰れない人が残った。つまり、本国自体が大変戻っていきにくい状況にすぐなっていくということなどもあり、或いは、比較的早く日本に渡ってきたがゆえに故郷の村に帰ろうにももういまさら割り込む余地がないというようなこともあり、さらにはとくに左翼のばあい米軍の弾圧がストレートにかかってくる南に帰っていくことは到底できなくなるということもありました。

そういう色々な事情が、或いは判断があって、その当時の気持ちとしてはとりあえずというケースも多かったようですが、ともかくとりあえず日本社会の中で生活していかなければならない立場の人々が、六〇万人残ったということは御承知のとおりだと思います。そういう人々に対して、日本政府からも占領軍からも何の生活上の保障も与えられず、いわば勝手に生活していけというような形で異国である混乱した日本社会にほうり出される形が突然現出したのです。これが、いかに大変なことかは、想像にかたくありません。

そういう大問題に朝連は取り組むわけですけれども、とくに朝連ができた一番はじめのころの問題は、主要には一日も早く国へ帰りたいという人の帰国の世話をすることでした。朝連の側が、GHQ、占領軍と折衝し、日本政府と折衝して、そのための船をきちんと配船させるとか、そういうあたりまえのことも、走りまわってあちこち突き上げないとなかなかうまくいかないという状態がありました。配船を待ちきれずに、一刻も早く帰りたい人々が小船を手に入れて玄海灘を渡ろうとして難破してしまうという悲劇までおこる状況でした。(注⑬)一九四六年の半ば頃まで、朝連の活動の一番の中心は帰国の問題におかれていたといってもいいくらいでした。

それが四六年の半ば以後、前にいったように事情がいろいろ変ってくるなかで、少し力点が移っていくわけです。つまり、当面の南の事情は大変なようだし、帰国もままならぬというようなことのなかで、少なくとも当面ある程度の期間、日本で、生活を続けていかなければならないというように、個々人が判断を下さざるをえなくなる。四六年の後半から、そういう時期にさしかかってくると思いますけれども、そういうなかで、どうやって生活していくか、大衆の生活上の問題、或いは教育上の問題などに朝連は本格的に取り組んでいかねばならないことになります。

生活面では、日本の経済機構全体が崩壊しているなかで、何の保障もなしに、何の頼りもコネもなく、生きていかなければいけない。日本経済全体が配給だけでは食べていけない時代でした。そこでまさに生活上の必要からも、「闇市」というものが生じてくるわけで、それは日本の大衆生活にとって、その時期には不可欠な存在であったわけです。生活必需物資を何らかの形で調達してくる、農村からコメをかついでくるというような、要するに生活領域と密着した流通、商業の領域が、この時期に突然新しくひらけた分野であった。既成の秩序がゆらいでないような生活領域は完全に閉ざされていたわけですから、そういうところだけが、在日朝鮮人が生きていくために開かれている唯一の場所という状態でした。おのずから、そういう所で生活が営まれていくことに、多くの場合なっていった。このころ闇米を一切食べないで、その筋を通したがゆえに、栄養失調で死んでしまった裁判官が日本中でただ一人いましたが、闇米に頼らなくては生きていけないというのが、日本全体にいえることでした。しかし、その闇米を運ぶ活動は形式上法に触れるのだが、それなしにはみんな死んでしまうということでした。

ドブロクの防衛

ちょっと違うかもしれませんけれども、密造酒の問題も似ています。酒なんかは全然配給にならないので、酒を私的に醸造して、闇市に供給すると、飛ぶように売れた。そういうような領域に在日朝鮮人は自活の道を見いだしていった。それらはしばしば、法律の取り締まりの対象となるから、たえず組織的に対処しなければならないような問題がおこる。そういう実にたくさんのケースがおこり、もらい下げに行ったり、いわゆる密造酒の問題で手入れがあるというようなことに対して、どう対策をたてるかというようなことに取り組むようになっていきました。いわゆる正面だった活動方針書なんかでは、生活防衛闘争とかもう少し抽象的な言葉で表現されているわけですけれども、日本社会の中に放り出されている大衆生活を成りたたせていくような、そういう領域が、実際の活動の中では大きな比重を占めた。そういう意味での弾圧対策に走りまわりもしていたのが、朝連の活動家たちの日常の姿ではなかったかと思います。

それから、この時期でも、それ以後でも、一番大きいことに、教育の問題があります。

民族教育を守る闘い

教育の問題については、それ自体のかなり細かい経過については、小沢さんの仕事がありますし、(注⑭)ここではうんと大まかに言います。一九四五年八月十五日以後に非常に早く、ある意味では朝連が生まれるよりも早く民族教育ははじまったといえます。金達寿《キムタルス》さんなどが書いているように、あちこちで、今まで使うことさえ禁じられていた朝鮮語を取り戻さねば、或いは、近い将来帰国するとすれば、子供たちに最低限必要な朝鮮語をとにかく覚えさせなければと、そのような気持ちで、いわゆる寺子屋式の小さな学校が自然と生まれてきた。ハングルを教えられる人、学生などをとりあえず動員するという形で、小さな学校が無数に生まれてきました。一九四五年十月、朝連が上からやっていくというのをまたずに、自然とそれがどんどんスタートしていったというのが事実ではなかったかと思います。

そういうことがあって、やがて朝連ができていくと、それをもうちょっと系統的なものにしていきます。しかし、いわゆる帰国が進んでいる過程では、日本にいる間にもまずハングルをはじめ、とりあえずの短期、速成教育をはじめるという感じだったと思われます。やがて朝連ができ、とくに四六年ぐらいから、少なくともしばらくは日本で生活を続ける状態になるにつれて、いわゆる民族教育を、もう少し系統的なものにしていかねばならないということにもなっていきます。この仕事には、朝連は、前のことと並んで、一番重点的に力を注いだと言ってもいいのではないかと思います。その結果として、時がたつにつれて、学校の数も、そこで学ぶ児童の数も増えていきました。小学校段階・初級学校段階の児童の数だけでも、一九四八年のはじめがピークですが、初級学校だけで日本全国で約四万九千人の児童が民族学校で学んでいました。(注⑮)

概算ですけれども、それは、当時の小学校の各学年に相当する、いわゆる学齢期の在日朝鮮人子弟のなかの六〇%以上であろうといわれています。つまり、今とはかなり違う面があって、朝鮮人であるから民族学校で勉強するのだというのが、むしろ自然な感覚であって、実際、過半数の児童がそういう朝鮮語で勉強するという形を、全国至るところで持っていたのです。

阪神教育闘争

そういうことを考えれば、四八年から四九年にかけて、この神戸をはじめとして、全国至る所で、これを上からおしつぶす弾圧が行なわれたことは、実に重大なことだったと思います。この弾圧の一番頂点には、ＧＨＱや占領軍の意志があったわけですけれども、それをうしろだてとして、日本の文部省やその意を体した自治体が、実際に民族学校をつぶすための弾圧に直接手を下したことははっきり銘記すべきことです。そして、いろいろな抵抗がありながらも、力づくでかなりの学校が実際に閉鎖されるところまで追いつめられてしまうに至るという、二年ぐらいの期間をかけての経過があることは、とくに、それを黙認してしまった日本社会の在り方の問題として、いかに大きな問題であったのかということを強調しておかなければならないと思います。

こういう弾圧は、当時の父兄や児童にとっては、実感的にあまりにも不当なことでした。だからそういう弾圧に対して、学校を守れというような、人間としてあまりにも当然な要求がおのずと声になり闘いになっていった。日本社会全体としては、それを傍観するという形になっているなかで、猛烈に弾圧してくるものに対して、犠牲者まで出しながら、あくまで抵抗せざるをえないという強い抵抗の形が実際にあったわけであります。その事実を掘りおこす作業が、ぼつぼつすすめられているところですけれども、闘いが日本社会の中で孤立して闘われたことは当時の日本の新聞の冷やかな扱い方をみても明らかだと思います。共産党や社会党系の末端の活動家などが日本人として、この闘争にある程度かかわるということはあったのですが、全体の日本社会としては、知らん顔をしていたという形になってしまっていると思うのです。（注⑯）

実際、その頃以前の民族学校の生活を経験しているような世代、或いは、もう少し上の人たちに教わった経験について聞きますと、確かに割に型にはまらない形で、血の通った民族教育がそこにあったことを語ってくれます。先生は当然一世の先生で、解放前から自分自身も苦労しながら相当自己流に必要な勉強をしてきたインテリゲンチァアで、どの教科についても独特の見識を持っており、たとえば文学の授業であれば、さまざまな豊富なことわざや古典についての知識を傾けて、子供をはんこで押したように教えるというのではなかったといいます。問題は、そういう教育を受けてきた二世が、それをきちんと継承しえたかどうかということがあると思います。

その頃の民族教育は、そういう意味で、とくに戦前から自力で貯えてきた知識を総動員して、それを子供たちに教えようと一所懸命であった先生たちの力でもって、かなり実際としても、末端でも生き生きとした形であったと思うのです。それはおのずから知識だけでなく、生き方を考えさせる結果にもなっていたといえましょう。そういう遺産を掘りおこすことが改めて、今考えられるべきかと思います。

「少数民族」規定をめぐって

この時期のことでもう一つ、最初に言った三番目の点にかかわってぜひいっておかねばならないことがあります。それは、日本社会全体の差別構造の中で、とりわけ、在日朝鮮人を四六年以後、アメリカ占領軍が少数民族と規定していくということがあり、それと同時に日本共産党も、朝連の組織を通じての在日朝鮮人運動を、別の意味でやはり日本の中の少数民族として位置づけていたという問題があります。つまり、在日朝鮮人運動を、本国から分断し日本社会の中にとりこんでしまうような圧迫がこの時期から加えられていたという問題です。とりわけ、形式上は日本共産党指導下に朝連の大衆運動が編入されたかたちになっていたことが、朝連の活動にどういう影響を与えたのか、この問題がここで考えていかなければならない重要な問題として残っているだろうと思います。

◇第一部の注

① たとえば、戦前においては、同様に日本帝国主義の統治体系下にありながら、日本と朝鮮とで言論弾圧の度合が大きくちがうので、朝鮮の運動(とくに左翼)のための公然出版活動が日本で行なわれるというようなことがあった。

② たとえば、最近の金時鐘《キムシジョン》さんの発言「開かれた手の年〜『在日』こそ〝一つの朝鮮〟」(『朝日新聞』一九八〇年一月十二日夕刊)を読んでください。

③ 水野直樹「新幹会東京支会の活動について」(『朝鮮史叢』一号、一九七九年六月、神戸青丘文庫発行)

④ 李東準『日本にいる朝鮮の子ども』(春秋社、一九五六年)の巻頭にのせられている。

⑤ 日本共産党関東地方委員会刊『新しい段階における在日朝鮮人運動と共産主義者の任務』(一九四八年九月八日の関東地方朝鮮人党員会議での鄭東文報告と討議記録)七八〜七九頁。

⑥ 同上七九頁。「……一つの例をあげると、神戸では古い同志たちも若い同志達も常に活発に活動している。刑務所に入って出てきてまたやる。常に活発に動いている。ところが、全体的な立場にたってみると仕事がまとまらない。まとまった仕事というものがない。党的な立場にたって、今どの仕事が一番大事だということをつかんでいない。だから一晩も二晩も徹夜しても仕事はまとまらない。実際には何をやったかわからないという風にバラバラの仕事をやっている。部分的に個人的にバラバラにやっているという傾向が方々にあるように思われる。これは東京にも支部によ

ってはある………」。

⑦ 寺尾五郎氏の証言による。

⑧ 在日の運動と南朝鮮の人民委員会などの運動とは基本的な方向性において大きく共通性をもっていたといえるが、もしその中での若干の差異点をいうとすれば、在日の運動の方がある意味でいっそう幅広いという点である。というのは朝連の創立過程では、解放前、戦時期の日本側の諸機関にかかわっていたような人も大いに参与しているのである。これは、南でのようにいわゆる民族ブルジョアジーが独自の基盤をもっているということがなかったかわり、一切の朝鮮人を包摂しようとした協和会体制の強制度が実質的な意味で非常に強く、これと何のかかわりも持たぬということが難かしかった事情にもよろうが、今後の検討課題であろう。

⑨ 正確には、解散を命令されたのは、在日本朝鮮人連盟と在日本朝鮮民主青年同盟の中央および全下部組織と、直接に朝連支部員と衝突事件を起した在日本大韓民国居留民団宮城県本部、大韓民国建国青年同盟塩釜本部の四団体。

⑩ 一九二三年関東大震災の直後に、朝鮮人虐殺を合理化しようとする権力の意図によって、天皇に爆弾を投ずる計画を実行しようとしていたとデッチあげられ、逮捕された。実際はかれは、金子文子たちとともに『太い鮮人』を刊行し、アナキズム的な思想運動を展開していたが、爆弾についての具体的な実行計画はなかった。

⑪ 佐藤・梶村・桜井『朝鮮統一への胎動』（三省堂、一九七一年）など参照。

⑫ たとえば、『前衛』の創刊号にハンクン・ツラリムという筆名での南朝鮮の情勢分析がのっている。これは明らかに南にいる人が書いた文であり、筆者は朴憲永（パクホニョン）であるとも姜文錫（カンムンソク）であるともいわれているが、不明。また筆名の意味は「한글　쓰라림」だともいわれる。

⑬ たとえば、一九四五年九月十七日、広島の三菱重工に強制連行されていた朝鮮人労働者二四六名が、機帆船で帰国の途中遭難してしまった事件がある。その遺骸は壱岐の島に漂着した。深川宗俊『鎮魂の海峡』（現代史出版会、一九七四年）参照。

⑭ 小沢有作『在日朝鮮人教育論・歴史篇』（亜紀書房、一九七三年）など。

⑮ 朝連傘下初級学校数と生徒数の変遷は次のとおり（中級以上はふくまない）。

一九四六年九月	五二五校	四二、一八二人
四七年十月	五四一	五六、九六一
四八年四月	五六六	四八、九三〇
四九年七月	三三一	三四、四一五

なおこのほか、民団・中立系の小学校は四八年四月現在五二校、六、二九七人であった。

⑯ 阪神教育闘争の事実経過などについては、金慶海『在日朝鮮人民族教育の原点—四・二四阪神教育闘争の記録』（田畑書店、一九七九年）、尾崎治『公安条例制定秘史』（柘植書房、一九七八年）など参照。

第二部 朝鮮戦争下の在日朝鮮人運動（一九五〇〜一九五三）

ところで、その日共と朝連の関係に入る前に、そのためにも全体としての敗戦直後の日本人の意識状況を簡単にみておく必要があります。それ自体、本当は相当きちんとやらなければならないテーマなのですが、とにかくそれが在日朝鮮人運動にとってのかなりきびしい困難な条件を造り出していたことは、知っておくべきことです。

全般的に、日本人の敗戦の受けとめ方の特徴として、積極的にさあ解放だという風に受けとめた人はごく少数であって、ぼんやりと、占領軍のなすがままに受動的な形で、迎えてゆくという傾向があったことは確かだと思うのです。そうした中で、よく言われるように、戦前に生み出されていた差別意識が基本的にそのまま引きつがれることになったのだといえましょう。

「椎熊発言」の波紋

それは前にいった戦後すぐの時期の在日朝鮮人の活気に満ちた生き方に対しての屈折したコンプレクスの形をとってナマの形であらわれ、今にいたるまで尾をひいています。たとえば、一九四六年の八月、つまり敗戦から一年目ぐらいの時期に椎熊《しいくま》三郎という進歩党の議員が、国会で露骨な排外演説をやった事があります。

その要旨は、朴成珆さんの資料にも引用されておりますけれど――在日朝鮮人と台湾出身の中国人、すなわちもと日本の植民地支配下にあった国の人々に対する戦後特有の差別語として「第三国人」という言葉がありましたが（注①）――『第三国人があたかも、戦勝国民の如き態度をして、その特殊なる地位、立場を悪用して、わが日本の法規と秩序を無視し、傍若無人のふるまいを、あえてなしきったことは、実に黙視するあたわざるところである』と、こういう調子の演説でした。

この発言が象徴していることとですが、生活の条件がまったくなしに日本社会の中にほうり出された在日朝鮮人が生きてゆく場所として、闇市やその周辺の様々な生業に従事して、新興部門だけに一時は、一部に、景気のいい成功者も出たということに対して、戦前の差別意識を裏返しにしたような視線を日本人側が向けていたのです。こうして、「闇市で威張っている第三国人」というような差別感覚が形成され、戦後型の差別意識の原型みたいになって、今に至るまで、書物にかかれ、劇画に描かれ、東京でもそうですが、庶民感覚の中に深く入りこんでいます。戦前朝鮮人に対して日本が何をしたかはきれいに忘れてしまって、戦後の一時的なその事だけを頑固に記憶している、そういう差別感覚をぶちまけることが今に至るまで続いています。そのような意識のあらわれ方のゆがみを客観的にとらえ返す目が、今でも日本人の側に欠けていることは、まさに現在の問題だと思います。

そこには、敗戦になって、自分がどのような方向に向えばいいのか分らない日本人の状況の中で、八・一五と同時にはっきりと方向性を認識し、目ざめ、昂揚した状態にあった在日朝鮮人の運動、占領軍と渡り合うというような日本人に出来ない事までやってのけている在日朝鮮人運動に対する、ねたみのコンプレクスがふくまれていたのかもしれません。

帰国の為の列車を確保する活動や、民族教育の営為を日本人はそのような特異な冷ややかな目、戦前の意識を裏返した目で見ていた。ここではそういう意識の分析にこれ以上深入り出来ませんが、とにかく日本人側の見る目というものはこのような感じでした。朝鮮人との間に、敗戦、八・一五の受け止め方の感覚の落差が非常に大きくあったということが、その一つの要因であっただろうと思います。

　そのようなふんい気の中から出て来る椎《しい》熊《くま》発言のようなものに対しては、もちろん朝連も、建青のような民団側の組織も、そのいずれもが非常に強い抗議声明を出しています。期せずして、一致して戦後日本的な排外意識に対していく形になります。そして日本社会一般は椎熊発言の側に立ち、それらの抗議に対しては知らん顔しているという状態があります。

　このような配置は、前にふれたように阪神教育闘争の時にもやはり表われているわけです。そのような意味で戦後すぐの日本人側は、戦前そのままの意識をある意味では増幅させたような形で、朝鮮人の運動に対していたと言わざるを得ないと思います。もしも、戦前のありようを反省する観点に立つとしたら、この時期こそ転機だったはずだし、それがあれば朝連の運動の困難もずいぶん軽減されたはずなのですが……。

　こうした状況が在日朝鮮人運動を占領軍の政策に孤立して、立ち向かわせることになりました。占領軍に対する解放軍規定的な認識は日本全体としては、ずっとあとまで続くのですが、相対的に最も早くから、南の運動との連係を通じても、解放軍ではないという実感をもっていた朝連などの運動を、それゆえにその弾圧のいちばんの対象として重視する形が、米軍が日本に進駐して来てしばらくの間に歴然と表われて来ます。

GHQの在日朝鮮人政策

　米軍の在日朝鮮人問題に対する方針は八・一五の直後から見ていくと、多少の迂余曲折があります。初めはかなり方針がハッキリしていなくて、莫然と少なくとも敗戦国民とは区別される人々であるとみなしていた段階があるようです。朝鮮人の側の言葉としては解放国民という規定があるわけですが、それに対しても、必ずしも四五年直後は批判的ではないように見える態度が、一応あります。それが、おそらく日本政府側との協議などの過程で、だんだん日本側のとらえ方を受け入れてゆくようになったのではないかと思うのです。今まで苦労して来た在日朝鮮人に汽車の切符など特別の配慮をしていくような面は四六年春ころ以降になるとまったく影をひそめてゆき、「ただちに帰国するなら、その為の条件は保障しよう。しかし帰国しないで日本に止まる人々については、日本国籍を潜在的に保有するものと見なす」というようなことを占領軍側が言うようになります。

一九四六年の十一月以降、そのぐらいの時期にはそういう抑圧的な態度がハッキリして来ます。この潜在的に日本国籍とみなすということは、実質的には権利の面で日本国民とは違うという意味での特別の優遇は一切しないということであり、従って、日本社会の法令に服さなければならないし、占領軍のもとで新たに創り出される管理の諸法令を厳格に適用していくぞという意志の表示でした。反面、朝鮮人に特別の抑圧を課すということは、この考え方と少しも矛盾しないと考えられていました。

四七年の二月には早くも外国人登録令というものが公布され、さらに四九年十月にはあの強制退去条項をふくむ出入国管理令がつくられます。これはいわゆるポツダム政令の一つですが、今に至るまで生かされていて、入管体制を支えているあの法令です。このように管理諸法令が占領軍のもとで、日本政府によって、どんどん出されていくという状態が進行して行きます。

外国人登録令については、それが出て来た時には、朝連も、そして民団側も、あの戦争中の協和会手帳の復活だというキャッチフレーズで強い反対運動を展開し、末端では一括登録という骨抜きにする形をともないつつも、形の上では行なわれてしまうことになります。抵抗によって日本政府側がその思惑通りの登録業務を行なえないような状態の中で、しかし形式的には在日朝鮮人に何の発言権も与えられないまま押し切られてゆき、法律がどんどん施行されてゆくという状態になります。

このように占領軍が、これ以後サンフランシスコ条約までの期間なんですけど、在日朝鮮人を日本国籍の潜在的保有者とみなしたこと、これは別の言葉で言えば、在日朝鮮人を日本の中の少数民族と規定したことだと言ってもいいわけですが、こういうアメリカ占領軍側の認識のしかたというのは、いったいどこからきたどういう性格のものだろうか？ これは、よくは分らないんですが、アメリカ的な、もともと多民族国家であるなかでの市民権概念が基礎にあって、それと日本の法律の枠の中に完全に封じ込めるという日本政府の要求とが結びついて、こういう在日朝鮮人のとらえ方が出て来たのではないかと思われます。

ともかくこうした外国人登録令、出入国管理令等については、朝連、民団とも、解放国民ということばがふくんでいる真理性を正面からかかげて、抵抗しようとした。力づくで押しつけられて行く形があるとしても、姿勢としては対決姿勢をもってのぞんだ。その心情を占領軍側はまるで理解せず、従順でないものとのみ意識して、弾圧一本やりの方向につき進んでいく。たとえば民族教育の弾圧も、論理上はこの少数民族規定と関連しています。朝鮮人が、自主的に朝鮮語をもって勉強すること自体を否定し、日本の日本語で行なわれる教育、日本の文部省などが規定している学校教育の枠の中に封じ込め、たとえば、日本の文部省が作成している教科書を使わなければならないと強要し、そのような形で、従わなければ閉鎖命令を出すというような弾圧が、四八年から民族教育に向けられていくわけですが、その弾圧の背後にあった論理は「日本の中の少数民族は日本の教育を受けよ」というようなものだったことになります。

これに対して当然朝鮮人は抵抗せざるを得なかった。それはあまりにもあたり前の事でした。あまりにもメチャな事をやるではないかというのが弾圧を受けての実感であったろうことは、今から考えても非常にはっきりと理解できるような気がします。なぜそういうあたり前の事を朝鮮人が要求している時に、日本人側は、当然の要求とうけとめ、それを擁護するのがあたり前の責務という感覚に立てなかったのだろうかという気持がいたします。

朝連の運動と日本共産党

さて、以上の状況を背景において話をもどしますが、昨日もいったようにこの時期の朝連の運動は、戦前一九三〇年以来の形の運動の復活・継続ですが、日本においての在日朝鮮人の社会主義のイデオロギーに立つ運動は、日本共産党の一元的な指導のもとに展開されるべきであるという考え方に立つ、組織形態をもっていました。

だから、それぞれ自主性を持ちながらの共同闘争というのでもなく、形式上は、図に描けば上下の指導・被指導の関係として、党とそのもとの諸々の大衆団体の一つとしての朝連の指導部にいる朝鮮人党員との関係があったわけです。それは日本共産党側が在日朝鮮人を日本の中の少数民族と位置づけ、日本革命の担い手の一環ととらえる基本的観点を取っていたことを意味します。そして朝連の指導を担っていた、他ならぬ在日朝鮮人社会主義者達も、その認識をある意味では受け入れていたことになります。むしろプロレタリア国際主義の観点から積極的に受け入れていたと言っていいかもしれません。

ご承知のとおり、そういう運動のあり方は一九五五年以後に非常に急角度に否定され、基本的な間違いとされていきました。いったいこの時期の組織形態と、そのもとで行なわれた在日朝鮮人運動と、日本の運動との実質的な意味での関係は、今日に、どのような教訓を残しているかという事、これは大変重要な問題であることはよくいわれているとおりだと思います。

まず形の上からいいますと、確かに当時の日本共産党は在日朝鮮人を占領軍のみかたと同じように単純な意味での少数民族と見なしていた。在日朝鮮人の大衆運動を、原水禁の運動などと並列するもの、あるいは日中友好運動などと並列する、ひとつの大衆団体として、日本共産党の指導の枠の中におさめていた。これはやはり指導の内容以前に形自体が非常におかしいという事は、その後の批判が指摘している通りと思います。

しかし、実態はどうであったか？　というと必ずしもこうした抽象論だけではすまない面があるように思うのです。形の上では指導される形になっていながら、朝鮮の大衆運動は実際は必ずしも、日本共産党の命令通りに展開されたというようなものではないように思われます。ある意味で実質はかなり独自性を持っていたようです。逆のいい方をすれば、指導する責任を持っていたはずの日本共産党は、事実上朝連の運動については、朝連の指導部ないしそれもかねているような日本共産党員である在日朝鮮人に委ねていた。いわば任せきりで干渉しなかった、というより出来なかった、というのが実態であったように思われる。

実際、朝連は大衆団体ですから、もちろんあらゆるイデオロギーの人がふくまれているわけであって、特定の思想を持っている活動家の集団ではなく、あらゆる考え方の生活者が組織されている大衆団体です。ただその執行部は社会主義者が構成していて、かれらの活動は日本共産党の指導下にある。その指導系統としては、日本共産党の中央委員会の下に属する部の一つとして、当初朝鮮人部という名だった部署が担当していた。それは、後に民族対策部という名に変った、民対と略称されている機関です。日共中央はここを通じて朝連を指導する事になるわけです。ところが朝連の執行部と朝鮮人部とは、実質上かなり重なっておりましたし、当初は朝鮮人部は全員朝鮮人からなっていたわけです。後の民対の段階になると、朝鮮人だけでなくなりますが……。

朝連の独自性

そしてもう一つ、大衆団体としての朝連ではありますが、それ自体が独自に南朝鮮で展開されている闘いやその組織と様々な形で非常に積極的な連係を創り出して行っていたということがあります。たとえば南の民戦への加入ということがあったことは前に申しましたが、これなどはおそらく日共の指導とかとは無関係に、朝連あるいは民対の中で、どんどん進めてゆく形でやられていたことと思われます。

朝連の運動はこの意味でまさに最初に申しました二重の目的を両方追求していたといえましょう。それは一面では、本国での戦いの一環をなしていた。その時期でいえば、主要な敵であるアメリカ軍との対決という大きな政治課題が全朝鮮的規模であって、在日朝鮮人運動も日本の場でそれを担っていこうとしていた。そして同時に、日本の諸運動にも、ためらいなくきわめて積極的にかかわり、単に上部からの指導があってというだけではなく、日本人の運動の中のあらゆる所に入って行って大きな役割を担っていった。

その当時の在日朝鮮人による文献の中に、日本革命の一環を担うというような表現を見出すことは珍らしくありませんし、様々な種類の日本の大衆運動の中に積極的に入って行きもした。実際に入って運動を担った人々の意識は、必ずしも少数民族であるのかどうかとか、理論上のことについて深くつきつめた上で、そうだと考えて入って行ったというよりは、ある意味ではもっと漠然と、現に目の前に共同の課題があって、困っている日本の弱体な運動を支える為には、あらゆる可能な事をやってやらなければならないというような意識でさえあったように思われます。そもそも、日本共産党そのものの戦後の再建過程でも、財政などいろんな面で朝連が面倒をみたというような関係であったといわれているくらいです。だから、党中央といっても朝連からみて、そんなに重々しい権威をもつように見えなくてふしぎはなかったわけですが、とにかく後の時期とはそこはやはり違うわけです。日本の諸運動に対して在日朝鮮人としては、あらゆる所で、担える役はすべて担おうとする姿勢であった事は確かです。

その面から見ますと、押しつけられて動員されたと云うだけでは必ずしも説明しきれない形であったと思われます。それをどう受け止め、とらえ返すかという事が、日本人と朝鮮人とそれぞれのこれからの課題でもあるわけです。

しかしだからといって日本共産党の側には責任はなかったのか？　在日朝鮮人運動に対して、この形がマイナスの意味での影響を及ぼす事はなかったのか？　問題は全然無かったのか？　といえばそれはそうではないと思います。

そこで感じられる事ですけれど、朝連の運動に対して日本共産党側にはどのように対処するかという事について、独自の認識なり方針というものが、確立されてあったようには思えないのです。在日朝鮮人運動の方がどんどん前に進んで行き、事実上それを追認していたといって、差しつかえないように思われます。具体的には大まかないみで戦略路線に不都合でない限りは事後的に追認して行く、という事であったのでしょう。しかし、逆にその路線にとって不都合とみた時には、枠をはめて統制した。あるいは、諸々の活動について動員が必要な時には、その影響下の組織であるのだから、ためらいなく動員して行くようになります。こうして少なくとも結果的に、在日朝鮮人運動を利用し、それに様々な打撃を及ぼしていくという事が、実際にあったことは否定出来ません。

阪神教育闘争・朝連解散と日本人

その点、阪神教育闘争の時でも、やや問題があったように思われます。全力をあげて支援すべき所を、全体状況への影響についてまだ占領軍と仲良くしたいという考え方の痕跡がかなり残っていたみたいで、占領軍と事を荒だてるのはまずいというような判断があったようです。部分的に確かにともに闘った日本人党員がありますが、全体としては日共の阪神教育闘争の支援の仕方は、かなりはっきりしないものであった。神戸の地域の末端の組織に任せて、党全体としてはこの運動を組織的関係はないかのような態度でした。米軍の弾圧の波及を恐れたものと思われますが……

……。

さらにもう少し後の一九四九年に、朝連がついに解散を強行された時にも、解散に対して時として抗議するとか、強い対応をするとかという事がありませんでした。文献が少ないんですが、公表された文献などからも、朝連への弾圧がこちらに迄波及する事をくい止める為に、つとめて知らん顔している感じがうかがわれます。

　これらは比較的「党内」的関係というべきことですが、もともと朝連は大衆団体ですから、幹部はともかくとして、別に全員が日本共産党の方針をつねに研究している人達ばかりではないわけですし、朝連全体として、社会主義者民対の統率下に完全にあったわけでは必ずしもないということから、もっと広いそのレベルでの問題があったわけです。朝連の指導部の中には、自身社会主義的な考え方をもってはいるが、大衆団体としての朝連はもっと民族運動としての活動の領域を拡げて、民族連合戦線的なものを形成して行くべきだという考え方をとろうとする幹部が出て来る事もありました。あるいは何んらかの方針にかかわる重要な会議などでも、戦前からの非転向党員で中央委員会に名をつらねていた金天海《キムチョンヘ》などは、忌憚なく批判すべきは批判する、という態度でのぞんでいたといわれます。無理というか、状況に合わない決定が出て来る時は、それに対して、「そんな事は出来ない」といってつっぱねるとか、民対が独立性を持っているような姿勢を、公然と表わすこともあったらしい。

　そうしたことに対して「民族主義偏向」というようなことばで日共中央側でおさえて行こうとするような場面もあったらしい。そのような必ずしもすっきりしないわだかまった関係、これは戦前にも組織内ではおりおりあったことです。形の上では、また理念上は整然と一体になっているようでありながら、その中にかなりギクシャクした関係がつきまとっており、それが戦前戦後おりにふれて、それぞれ違う形で表われたのだが、そのつど日本共産党側が、使うことばが「民族主義偏向」だったことはよく考えてみるべきことと思います。もちろんそうしたことばに朝連側は、心から納得は出来ないという関係が断続しておりました。

　今日、当時とは異なる組織的枠組・状態・条件の中で、あらためて日本人と朝鮮人との共同闘争ということが考えられていますが、相手をトータルに理解しないで真の共同闘争はありえないと思います。日本人にとっては、在日朝鮮人の主体的な営みの存在をまず認め、それを理解したうえで、共同闘争というものはどうあるべきかを考えてゆくという順序が不可欠ではないかと思います。

　そのような事柄からすれば、この時期の経験というのは、教訓として具体的に研究されるべき内容を、かなりふくんでいるだろうと思います。

日本人の解放、朝鮮人の解放

政治課題として、日本の解放と在日朝鮮人の解放とは不可分に結びついているという言い方から、日本社会の中で椎熊発言のような形で出て来る差別との闘いの領域まで、日本人の社会主義者の側が日本人の立場から独自の認識をたくわえ、どのようにそれに対して日本人として対処するかが、朝鮮人の主体的営みとは別に自主的に考えられねばならなかった。しかし、こういう意味での「日本人の立場からの朝鮮認識の深化」ということばは、六〇年代に入るころでもそのことば自体が斬新なひびきをもっていたのが現実です。朝連の自主的な運動等に対して、それを責務として擁護していくために、どういう陣形を組むのかといったような事は、ほとんど論議することすら無く、経験主義的にいささか無責任に扱われてきたように思われます。

他にも色々やることがあって、論議しきれなかったという事が実態であったかも知れませんが、こういう問題領域があることすら気がつかず、ただ大状況における関係でのみ人民の利害の一致が言われ、したがって、在日朝鮮人問題について独自の見識と認識体系を日本人として持つことがなかったのでしょう。

在日朝鮮人が負っている課題というものの二重の性格を見きわめた上で、主体的な運動と、どのように共同関係を持って行くかという問題設定がほとんど無かったのですが、とりわけ今の状況の中で振り返えって見ますと、だれもが気づくことだけど、そういう事であってはならないと思います。日本人側として直接的な関係を持つ在日朝鮮人が、何を目ざし、何をいちばんだいじな問題としているかということを、まずきちっととらえて行くということが、まず何をおいても必要かと思います。

ところで一方、そのような日本人側の状態を知りながらも朝連の側は、具体的な生活権擁護闘争にとって役に立つからというような利害関係のみからではなくて、むしろ大状況というか、政治的理念にてらして、日本の運動の発展が在日朝鮮人の立場に対しても関係があるということを、むしろ理論の面から認識して、それ故利害にからむというよりもっと理念的な契機から、日本の運動に非常に積極的にかかわっていこうとした。少なくとも、朝連中枢の社会主義者達の姿勢はそうであったように思います。(注②)

そのような朝連的なあり方は、在日朝鮮人内部での運動論的な観点からすればどうなんだろうかというと、後の総連の考え方からすれば、日本革命に参加するなどというのはまったくの誤りで、清算されるしかないものであったとされていることは周知のとおりです。この論点については、私もスッキリした回答を持っているものではなく、いずれにしろ単純に一面的には論じられないと思うのですが、それで、そのまま今後の課題として提起して置くにとどめたいと思います。

以上、話が多岐にわたりましたが、この時期の朝連は傘下の大衆の日常具体的な要求にそって、数多くの課題を担おうとする奮闘の連続であって、決して抽象的な政治課題だけ追っていたのではないといえると思います。

朝連の参政権要求闘争

ところで一九五五年以降の段階で、朝連期の「とんでもない誤り」の代表としてあげられているのが、選挙権要求闘争です。かなり忘れられているようですが、実際朝連は日本での参政権を正面から要求し、のちにそれが否定的に総括されているということがあるのです。少し事実をみておきましょう。

一九四五年の末頃から日本の第一回総選挙が始められるような状況の中で、朝連のスローガンの中に、選挙権並びに被選挙権の要求という項目がはっきりかかげられております。とくに四六年以降、日本への在住がかなり続きそうだという状況判断をせざるをえなかったころから以後の時期、四七〜四八年ぐらいの時期にかけては、朝連の運動方針の中で、一般に日本の政治課題等にかかわることが、何かにつけ積極的にとりあげられる傾向が顕著でした。

それと関連してか、選挙権、被選挙権要求という事も、朝連のスローガンの中でより強調されているように思えます。四七年三月には、朝連側がこのことについて決議したのに対して、当時の民団と建青の側がとんでもない間違いだと非難するということがありました。このころは、むしろ民団・建青側が、在日朝鮮人は日本の中の少数民族ではないのだという立場に立ち、朝連がそのような要求闘争を組織して、日本の諸運動に無限定にコミットしていくのは在日朝鮮人のありようとしては正しくないのではないかという批判を、朝連に対してぶつけていた。あるいは、朝連傘下の大衆の中に即自的にある民族意識にうったえ、疑問を提起しながら、民族的な姿勢を強く打ち出すことによって、組織を押し拡げてゆこうとするようなことがありました。今からみると意外なのですけれど、そのような形でありました。

さらに四八年ぐらいの段階にいたっても、なお朝連側の文献には、選挙権、被選挙権を要求する闘争が、当然必要なこととして記されております。

しかし、朝鮮戦争が展開して行くような段階、朝連が解体されるような段階では、事実として実現可能性がないという見地からかスローガンとしても消えてしまいます。理論上明確に否定されるのはもう少しあとのことですが……。要求が実現したことはないのですが、それにしろ運動のスローガンとして大きくかかげていた事を、いったいどう考えるべきかということは、ひとつとらえ返すべき問題ではないかと思います。

今日では、地方自治体での参政権等について、まったく違う観点、違う角度から、逆に民団側の一部からこれと似た運動が現われて来ていますのが、そういう状況の中で考える材料として、この問題もとらえかえしておく必要がありましょう。

以上のような朝連の運動は、四九年の強制解散という打撃をうけつつも、さしあたり発想の枠組みは基本的には変らない形でその延長線上に、朝鮮戦争下の在日の運動に引きつがれて行きます。

朝鮮戦争下の在日朝鮮人運動

朝鮮戦争の時期の在日朝鮮人運動をどのような角度から見るべきかということについて、まずまとめて考えを言います。

まず、本国への強い関心を維持してきた朝連に結集していた大衆と、旧朝連の活動家の感覚について、朝鮮戦争という祖国の大衆が大変な苦難をなめている状態に対して、非常に痛切な想いがあったことは想像にかたくありません。別の意味で民団側も同様であったでしょう。朝連側からみれば祖国民衆の苦難をもたらすものはといえば、当然それは第一にアメリカであるわけです。アメリカの軍事行動並びにそれを背後で支える日本での体制に対して、果敢な闘争をして行かなくてはいても立っても居られないという感覚に支えられて、この時期の運動は展開されたといえます。

この視角からこの時期の運動を見ていくことで、その特徴がもっともはっきりみえるだろうと思います。といいますのは、この朝鮮戦争下の時期には、日本でのアメリカ軍に対する果敢な抵抗闘争が在日朝鮮人に依って展開されていると同時に、日本共産党も、一時的なものですが反米武装闘争といわれる路線をとっていたということがあり、形式上それは重なるものですから、日本共産党が指導していたから、その指導によって在日朝鮮人が日共武闘路線の矢表てに立たされたという認識の仕方が通常なされています。確かに形式上かさなる面もありますが、どうも事実としても両者をやや別個と考えた方がいい面もあるようです。通説的な理解も確かに一面の真理ですが、在日朝鮮人運動を受け身なものとしてのみとらえ、指導されて仕方なく、前面に動員されて行ったというだけでは、この時期の朝鮮人の想いを、充分とらえたことにはならないだろうと感じます。

一方、この朝鮮戦争の時期は、日本人側では、日本共産党の指導下にある人々を一応別とすれば、一般的にはアメリカの占領がなお続いている体制のもとで、とりわけアメリカ軍があきらかに反動化していく状況が、どんどん進行し、ものすごく重苦しい重圧感がひしひしと感じられる時期であったのですけれど、その重圧感におさえ込まれてしまっている感覚が一般的にありました。そして労働運動などもふくめて、大きくは、朝鮮人民軍を侵略軍と規定するようなアメリカの規定の仕方を、そのまま受け入れてしまうという状況がありました。

日本の最も大きな労働運動の流れが、全体としては、アメリカ軍の軍需物資を輸送する事、あるいはアメリカ軍が朝鮮での戦争の為に基地として十二分に日本を利用していくという事に対して、有効な闘争を組もうとする姿勢すら出すことが出来ずにいたというような状態の中では、在日朝鮮人の祖国を想っての戦いは、非常に突出した、孤立した闘いにならざるを得なかったのでした。

一方、在日朝鮮人運動全体としていえば、多分、大衆の生活権擁護の課題の方は、朝連の段階に比べてこの時期はお留守にならざるを得ないという面が、不可避的に表われたかと思います。というより、それ以前と同じようにその領域の闘争はますます必要ではあったけれど、組織としては末端の機関等が自前でなんとか悪戦苦闘して、可能な努力を維持するということにならざるを得なかった。

もちろん全体の方針を見ますと、この時期でも生活権擁護がスローガンとして並べられてはいるけど、二重の課題の内、具体的な生活権の領域のことは、比較的あつかいきれなかったというのが実態ではなかったかと思います。それは運動する側の姿勢の問題であるというよりは、客観的な条件のきびしさという事から来ていると考えられます。

「外国人登録切り替え拒否」

一つの例として、登録切りかえの時の状況をみてみましよう。前にみたように、第一回目の外国人登録は、外国人登録令の施行された四七年に行なわれ、三年おきにきりかえると規定されていたから、最初に登録した人の場合、五〇年に二回目、五三年に三回目の外国人登録証一斉切りかえの時期が来ました。最初は一括登録のことなどもあったので、官憲側には、この一斉切りかえを通じて、管理を徹底化しようとする意図がありました。これに対して、スローガン的には、外国人登録の切りかえを拒否する闘争方針がうち出されるということが、この段階であるのですけれど、しかし闘争は貫徹されなかった。結局その運動方針による首尾一貫した指導がなしきれず、結果としては、いったん拒否をうちだしながら、なしくずしに登録の枠組みの中に押えられて行くことになる。それと並行して、今とはだいぶ様子が違うのですが、強制退去の実際の執行も色々なケースに対してかなり数多くなされるという状況となりました。

やがて韓国の李承晩政権が、退去者をそのまま受け入れるわけにはいかないという抗議の態度を示すような事があったりして、だんだんまた減って行くことになりますが、入管当局がそれこそ「煮て食おうが、焼いて食おうが自由」と言ってしまうような感覚で、ことを押し進めて行くような、在日朝鮮人管理体制の強化が、朝鮮戦争の最中の時期に果されているということはおぼえておく必要がありましよう。

朝連、朝青の強制解散

ここで前の時期と同じように、機関組織の変遷を一応あとづけておきたいと思います。

一九四九年の九月に、在日朝鮮人連盟（朝連）は解散命令を適用されて、本部はじめ諸機関は閉鎖、接収されてしまい、所蔵していた文書・文献なども大量に公安当局が持っていってしまいました。

それと関連して、朝連が運営していた民族学校も、運営母体が非合法化されたことを理由に四八年の段階よりももっと大規模に、次々に閉鎖命令の適用を受けていく。この時期から以降の大阪などで典形的なように、過半数の在日朝鮮人子弟が日本の学校に組み込まれるしかない形は、ここに由来するともいえます。

ともかく、あらゆる在日朝鮮人運動の結節点であった朝連が、物理的につぶされてしまったという事は、大変な打撃であらざるをえなかった。そこに結びついて運動をして来た人々からすれば、結節点が無くなってしまったわけです。当然、結節点を再建しなければならないと考えられた。しかし朝連そのままの形で再建すれば、またつぶされるに決まっている。そこで苦心惨憺して弾圧されないで済むような形をととのえて実質的に復活させていく努力が、占領軍がますます強い姿勢を示している中で、それ以後朝鮮戦争前夜まで試行錯誤されていました。

過渡的には、かろうじて朝連傘下で解散をまぬがれたいくつかの組織を活かした。青年同盟は同時に解散させられてしまうのですけれど、女性同盟や解放救援会は解散されず残り、事務所もそのまま残ったので、そのような場所を使った。むろん、解散させられたからこれで運動はお終い、何んにも出来ないというような事ではない。こうして新しい結節点を創ろうとする営みが開始されます。

そして朝鮮戦争が始まる以前にすでに、実質的には過渡的な朝連の後継機関の性格を持つ、在日朝鮮人団体中央協議会という名の団体が一応構成される所まで来ておりました。

その結成直後に一九五〇年六月の朝鮮戦争が始められて行くわけですが、そこで、普通の時とは違う非常事態下で闘う組織、最初にのべたような想いで実践していくことをめざす団体を、新たに創り上げていかなければならない緊急な課題が生じ、その方向にそって、新しい結集体がある意味で朝連とも違う形で生まれて来ます。

民戦、祖防委の結成

最終的には「在日朝鮮統一民主戦線(民戦)」(注③)を結成するにいたる試みは、はっきりした日付は分らないところがありますが、朝鮮戦争開戦前後から準備が進められ、何回か準備会議が重ねられた末に、五一年一月に正式に発足します。

それと同時に、むしろ組織上はそれに先立って、祖防委と略称される祖国防衛委員会並びにその傘下の行動隊としての祖国防衛隊が、各地域ごとに次々に編成されていきます。これはは広い大衆団体というのではなく、まさに行動隊であって、アメリカ軍との日本での闘争を担うことを目的とする軍事組織の形態をとっており、勿論初めから非合法で組織されます。大衆団体としての民戦とはいわば表裏一体で、その中から結集された行動組織ともいえます。この二つの組織、民戦と祖防隊が、具体的な朝鮮戦争下の運動の担い手でありました。

ここで注目されることのひとつは、民戦の場合、決してもとの朝連の人々だけからなるのではなく、建青から出発して四八年以後、朝鮮民主統一同志会という形で、民団からも離れて独自の道を歩んでいた人々が参加していることです。一番元老級の人であった李康勲《イガンフン》元民団副議長を先頭として、マルクス主義者でない統一同志会系の人達が、民戦の運動の中に積極的に参加していく。そして、李康勲は少なくとも形の上では民戦の議長の役割を努めていくことになります。

そのような意味でいえば、この民戦は祖国の危機を憂うるという限りにおいて、より広い範囲の人々の結集体という側面も持っていたわけで、必ずしも朝連がそのまま民戦に成り変わったわけではない面があります。統一同志会系の人々のこうした歩みは、あるいみで特異なものでありました。たとえば本国の人々の間で同じようなケースが見られるかというと、本国の異なる条件のもとでは、たとえば、金九の流れをくむ人々が、同じような歩みをたどるということはなかった。在日朝鮮人運動のみにみられる特異な現われ方と言えるのではないかと思うのですが、その意味で李康勲等が民戦に合流したという事は、非常に注目される事ではないかと思います。

もうひとつ祖防隊の組織系統の問題については、このような事があります。この組織は旧朝連の指導を担って来た社会主義者達が中心になっており、従って当時まだ形式上日本共産党の民族対策部の直轄指導下にあるという性格を一方では持っている。もう一方ではしかし、共和国との連係がいろんな形でだんだんつくり出されつつもあった。つまり、組織系統上の微妙な問題が生じはじめていたと思われます。

ただし、出発した段階で、祖防隊の活動方向を決定していたのは、民対の中心的なメンバーである朝鮮人党員たちであったというのが事実のようです。つまり祖防隊を実際に動かしていたのは彼等であって、日本共産党そのものでは必ずしもないということです。

そして日本共産党の側も、祖防隊結成のあとを追いかけるようにして、少し遅れていわゆる武闘路線に入って行くわけです。それで日本共産党傘下の軍事組織として中核自衛隊、それから山村工作隊等々が編成されます。そうなるとそれらと祖防隊とは反米闘争を闘うという同じ目的をもち、しかもいずれも日本共産党傘下の機関であるわけだから、両者が合流して一体化してもよさそうなのに事実としてはそうはならなかった。最後まで別組織として存在し別々に行動していた。このことに組織の実態があらわれているのだろうと思います。

つまり形式上日本共産党軍事路線の枠の中にありながらも、民対部員をふくむ在日朝鮮人としては、共和国との関係もふくめて、独自の形で行く方がいい、あるいは事実上独自に動いていく事が正しい、という感覚をもっていたように思われます。不信感と云ってもいいのかもしれませんが、たやすく日本共産党の軍事路線と合流して行くことをしていない。この意味で、祖防隊の動きは在日朝鮮人による独自の自発的なものと見るべきではないかと思います。

祖防隊の反米軍基地の闘い

実際、この時期の祖防隊は独自的にアメリカ軍の基地に対する基地闘争を展開し、あるいは軍需物資の輸送を阻止しようとする闘争を起こして、実行過程には困難も多いから全面的に実現したわけじゃないけれど、あらゆる可能なことを独自に試みようとしました。アメリカ軍が朝鮮で爆弾の雨を降らすことを阻止しようとする気持からおのずと展開して来た、そう言ういみでの独自の闘争だったといえます。

こんなことがあります。私はいま四四才で、当時は十数才、中学生から高校生の時期なんですけれど、私と同年配、ないしむしろ少し若いぐらいの友人の中にも、この時期の闘争で、アメリカ軍の基地に飛び込んでいくというえらい体験をもっている人がいます。当時は、占領軍の支配下ですから、米軍は何をするか分らない恐しい存在です。そしてかれは結局、アメリカ軍の軍事裁判を受けている。かなり乱暴な裁判で、その上まかりまちがえば強制退去までついてくる。こういえば相当覚悟を決めてかからなければ取り組めない闘争だということが分りましょうが、十代なかばでそんな経験をしている人々が現にあるわけです。そういえば、当然一九五五年以前ですが、十代の高校生のころれっきとした日共党員だったという私より若い友人もいます。朝鮮人の社会では、そんなことはあたりまえだった感じですが、それに比べて私などの場合同じ高校生であっても、民青などでもはるか遠い所にある畏敬の対象、近づくのが恐しいような感じでうけとっていたものです。大都会じゃないからということもありましょうが、直接は加入していないが民青の活動家と連絡を持っている友人が一人いて、彼が我々の尊敬の対象になるという状態でした。同じ十数才の青年ですが、意識体験あるいは運動との距離がずいぶんちがうことに、後から経験をつき合わせてみて気づくわけですが、その距離というものを痛感せざるをえませんでした。

むしろ民戦、祖防隊の闘争の中にあった人々の当時の心情としては、もっともっと軍需物資を生産する生産点、あるいは物資を輸送する日本国有鉄道なりの内側に手がとどくような活動が出来たならば、そういうところで労働者が立ちあがってくれたなら、こんなに自由自在にアメリカ軍が日本を利用することを阻止できるのにという思いがあったに違いない。

それが基本的な生産点から排除されている被差別状態ゆえに、そして生産点の中にいる日本人側の労働者が、部分的にはともかく大きくは呼応しないということのなかで、想いの十分の一も実現しえなかったのだろうと思います。しかしそれ自体当時としては非常に突出した行動であったが故に、次々にアメリカ軍の軍事裁判までふくむ厳しい弾圧に直面した。

メーデー事件、吹田事件、大須事件

このような民戦・祖防隊側としての独自の非合法闘争と同時に、日本共産党側が組織していく大衆蜂起型のデモンストレーションがあり、在日朝鮮人にも民対を通じて民戦へという形で動員がかかって来るわけですが、民戦傘下の在日朝鮮人大衆は、その動員にきわめて積極的に呼応して、デモンストレーションに参加してゆきました。その為に大量逮捕の弾圧に大きく直面するようにもなったのです。

よく知られている一九五二年の一連の事件、東京のメーデー事件から始まって、大阪の吹田事件、名古屋の大須事件等において、逮捕者、あるいは起訴された人の中で、在日朝鮮人がしめる比率が非常に大きい事が、よく知られていると思うのですけれど、どうしてそんなにも比重が大きいのかということを考えてみなければならない。当時大衆動員可能な団体が多くなかったからいきおい日本共産党側として強く動員をかけるようになったと言うことがあり、そして朝鮮人の心情としても積極的にかかわる姿勢があった故に、民戦末端の生活者大衆までが、闘争の現場にどんどん出ていっていたわけです。

すくなくとも結果論的にいってその時の日本人側では、あえてそういうところに勇敢に出て行くような、心の準備のできた大衆は学生大衆の一部くらいでほとんどおらず、日本側の反米闘争の空白の弱さを、在日朝鮮人の動員がうめていたということになる。ここでの関係はあきらかにそのようになっていた事を感じざるをえません。

それ故今日、これらの事件の十年以上かかった裁判も、ようやくにしてほとんどが結審するにいたっているわけですけれど、「騒乱罪」ということで二〇年もかかるマンモス裁判になってしまい、その間裁判に引っかかっているが故に、被告とされた人はたとえ保釈されて生活の場に戻っても、たとえば共和国への帰国を望んでも、裁判が結審していない為に認められないし、おちついた労働の場にもつけない。ひとりで闘争の責任をひきうけ、生活者としての苦難を二〇年以上に亘ってさんざんなめて来られた方が、この大阪、神戸にも現に多くおられるという現実があるわけです。

そのような、後に犠牲者を残す形で、日本共産党側のデモンストレーションにも在日朝鮮人がかかわっていたと云う事は、忘れてはならないと思います。

このように、民戦の行動方針は、やがて離れていく契機をはじめからはらんでいたが、大きくはこの時期の日本共産党の組織の枠の中に位置づけられるものといえましょう。

そこで、一方共和国との関係がいつからどのように深まっていったのかが、問題になります。朝鮮戦争前から人民艦隊といってボツボツ人が行き来するルートも開けていたようで、金天海も日共との関係で何があったかよく分らないが戦争の直前に共和国に秘かに帰っていきました。そうしたことの背景に、在日の側から共和国と連絡を求めていく試みが何回も重ねられていたかと推察されます。ことに日共武闘路線が内部対立もあって混沌としている中で民戦は、もともと事実上の独自性をもっていたわけですが、しだいにますます独自性を強めて行かざるをえなかった。指導そのものがあるようなないようなでしたし、日本共産党の指導に服すというような性格を薄めていかざるをえなかった。一九五二年ぐらいから後はほとんど別個であったといってもいいように思います。

民戦の路線転換

日本共産党の指導するもとでの日本の運動がどうなるかということについては、その方針の正否いかんはさておくとしても、在日の朝鮮人としてすぐにもやらなければならない事が別にあるというような考え方が強まっていた。だいたい、どこも助けてくれるわけでなく、民戦の組織は大衆組織として独自に維持しなければならないし、時に当面のカンパニア動員が日共側から下ってくれば、適当に対応しながらも、中心的には独自の朝鮮人組織としての任務を果して行こうとする傾向が徐々に強まってまいります。その意味でいえば一九五四年から五五年に急に来るように見える路線転換のきざしは、五二～三年頃から徐々に生まれつつあったというのが実態であったと思われます。

それは民戦の掲げるスローガンをみても分ります。一方では日本革命の課題の為にという内容のものが後まで残るわけですが、いつのまにか「日本共産党の旗のもとに結集せよ」というようなストレートなスローガンに代えて、「日朝両民族の連係提携によって、日本の困難な状況に対処して行かなければならない」「反米闘争を戦うにしても日本人との共同闘争を通じて、有利な局面を切り開いていかなければならない」というような、より民戦側、在日朝鮮人側の主体性を強く打ち出すような表現に微妙に変化して行くような事が、すでに五一～二年からあるように思います。（注④）

そして内部的にはこの時期にすでに、路線転換に向うような論争も始まっていた。一九五一年に、民戦が生まれる時から、後の総連の指導者となる韓徳銖《ハンドクス》を中心とする人々などは、民対を通じて民戦が日共の指導のもとにあること自体が間違いなんだという議論を公然と出しており、民戦に対し最初から、内部からの批判の姿勢をとっていた。それとは別の立場のものもふくめて、それらの批判が民戦側にも微妙に影響を与えて、言葉の表現なども微妙に変化して行ったのかもしれません。

こうした複雑な環境のもとにありながら、課題が緊急を要するという事から、あらゆるエネルギーを吸い上げながら、民戦は総力を上げて、大きな政治課題に正面からとりくもうとした。巨大な壁となっている目の前のアメリカ占領軍、朝鮮を踏みにじっているアメリカ軍との闘いにつき進んで行った。

非合法もふくめての本国のとくに南の運動との連絡体制がまったく困難になる。また、一方、かえりみれば、解放直後には本国の人々と在日の人々との生活、感覚上の違いがそんなに大きくはなかったのが、この時期から以降、生活面での本国とのつながりも、ほとんど断ち切られた。そして、サンフランシスコ条約体制のもとで、単独講和で独立を回復した日本の、復古調ムードの中での一時ゆらいでいた既成秩序の回復、朝鮮戦争期の特需から始まる高度成長経済の枠の中の底流に、本国の民衆と切り離された形でとり残された。そこで自前で自分の生活を再建するという風にせざるをえないのが、在日朝鮮人の朝鮮戦争後の立場であったかと思います。

大まかにいえば、ここで形作られた生活の大きな枠組が、その後はそれほど大きな根本的な変化はないまま、今日まですーと続いて来ているともいえましょう。そのような経緯、歴史的経緯をぬきにして今日の状態を表面的に論議することは出来ないと思います。今日の状態は決して自然とそうなったというのでなく、朝鮮戦争期の闘いと、それに対する大変な弾圧と犠牲があり、それを立て直す中で、この局面に不可避的に在日朝鮮人運動が追い込まれ、今日に至っているという面があるのではないかと思います。こう

分断固定化時代へ

そして、生活者の日常的な要求を後に残しながら、そこには手がまわらぬまま、あらゆる力を反米闘争に集中していきながら、頑張りに頑張った末しかし結果としては、一九五三年には、とこころざしとはちがう分断の固定化という形で、朝鮮本国の状態が決着をとげるに至ってしまうという、痛苦な経験に直面することになります。最終的な停戦は一九五三年七月のことでした。

一九五三年までの総力をあげての闘争があり、それが成果をあげる事もなく、犠牲者だけを残して終っていったのですが、その中で重ねてきた様々の無理に対する収拾策、そして出直し策が、この朝鮮戦争終了後のしんどい課題としてたちあらわれざるをえなかった。実際五三年以降はその課題が取り組まれていく事になるわけですが、その場合、一九五三年は、朝鮮本国における南北の分断の固定化であったと同時に、もうひとつ、在日朝鮮人運動と本国との関係の実際的な意味での分断が固定化した時でもあった、という事に注意しておくべきかと思います。

した規定条件の中でもとりわけて重要な事は、この時期を境として、在日朝鮮人運動が、実質的に本国との関係を分断された形になったということではないかと思います。そしてむしろ形式的な上からの本国との結合がこれにおきかえられていく。

民団側の動き

一方、この間の民団側はどうだったのか？　とくに注目しておきたいことの一つは、一九四九年に朝連が解散を命ぜられたとき、民団はその解散に対して、抗議声明をぶっつけているということです。朝連といろんな問題で激しく対立し合っている中でありながら、一方ではその対立相手である朝連が占領軍によって解散させられてしまうことに対しては、形式的かもしれないが抗議声明を出すような態度をもって対しております。決して、いまみたいに相手側の事業、たとえば民族教育がうまくいかなければ、いい気味だといわんばかりの態度ではない。

立場は違うにせよ、同じ民族団体であるという感覚が、朴烈指導の段階ではもっとはっきりしていましたけど、朝鮮戦争が始まるころまでもまだかなり残っていたと言えるのではないでしょうか。ところが朝鮮戦争の過程の中で、本国の状況にも規定されて、いっそうはっきりと両者の対立の溝が深められていくような事態が展開していく事になってしまいます。

特に民団側では、朝鮮戦争開戦後まもなく、もと朝連の側が、民戦・祖防隊による反米闘争の形で本国情勢にかかわっていったのに対し、まったく逆の形で、韓国側への志願軍派遣運動を展開した。その両者の対比はあまりに悲劇的なことだったと思います。

在日韓僑自願軍という名で、韓国軍の側への参加を志願する青年を募って、そう数多くはないが実際にも動員している。そのように本国を上から政治的に直轄するような活動に、民団は取り組んで行きました。

そういう事が進行すればするほど、民戦との関係はますます溝が深まって行かざるをえなかったわけですが、こうした経過の背景として注意しておくべきことは、アメリカが背後で画策したこともあって、民団側の組織に対して、本国李承晩政権から直接に様々なテコ入れをする動きがあり、権力を背後に負うような形での組織編成が、この朝鮮戦争の事情の中で進行していくということです。これは、決して前にいった本国民衆との素朴な意味での一体化ではなく、むしろそれが断たれているなかでの、人為的な権力を通じての形式的な結合でありました。だからかえってそれが疎外を強めるという意図せざる結果を生んだともいえましょう。

日韓会談と在日朝鮮人

具体的には日韓会談が早くもはじまります。日韓会談十五年の経過と概観すると、一九五一～五三年の初期段階（第一～三次会談）があり、その後長い中断期間があって、五八年以後あらたな条件のもとで動きが速まり、ついに六五年にいたります。実は、中断期間の前と後とでは、かなり性格がちがうのですが、五一年に日韓会談が始まったときには、やはりはっきりと朝鮮戦争を横目でにらんで、アメリカが日本の吉田政府と李承晩政府を結びつけ、日本の再軍備を急速に進めて、もしも朝鮮戦争が長引くようならば、日本の軍事力そのものを、朝鮮の戦線へ動員していくというもくろみのもとに、かなり強引に会談の進行をせきたてた結果、はじまったという性格がありました。つまり、日本で単独講和や再軍備が急速に進められていったのと同じ理由からだったと思われます。

そうしたGHQの肝入りで、李承晩政権が、駐日代表部というものを日本に置くようになり、日韓会談が開始されていったのでした。そうしたなかで李承晩政権の側は、在日朝鮮人の中に、ひとつの政治的基盤を上から編成していこうとする動きを強めます。思うようになる強力な大衆組織が日本の中にないことは、李政権にとっては、日韓の再結合を進めるのに不都合な条件だったからです。

しかしその時期の民団を上から編成する李承晩政権の企図は、大義名分を公然と立てて、大衆を納得させるという形ではありえなかったようであります。それまで民戦の側とくらべて規模からいっても小さかったし、民族教育などの実績もわずかしかなかった。例えば、外国人登録において、韓国という国名での記載を（注⑤）、その解釈はどうあれとにかく認めさせていくのですが、その経過をみると日本政府との間で認めさせるように政治の上の方の交渉で働きかけるという形でした。このように上からの関係を通じて、大衆を支配していくという、民戦にはできない手段を多用することになったといえます。その意味で言えば、力関係にたよるこの企図はそう簡単に、一挙に大衆にうけいれられていくわけではないように見られます。

在日朝鮮人大衆からすれば、社会主義者でない側としても、日本の中で自前で生きて来たわけだし、朝連、民戦の運動などとは距離を置いているとしても、李承晩政権が言っているような、反共・勝共の路線そのものを、イデオロギー的に受け入れるような素地は、比較的少なかった。だから日常生活の感覚から、上からの編成に対しては、かなり冷ややかな態度でもって臨むケースが、利害をもってさそわれる事業家などのばあいでも多かったのが、この時期の偽わらざる状況であったと思います。

それ故駐日代表部が、本国政府の意図をかなり強引に上からおしつけて編成を推し進めるのに対して、もとからの民団の方は、自主的な機関としての歴史をやはりもっているわけですから、代表部と民団との間で軋轢が起り、代表部のゴリ押しに対して民団側が反発をする事も、何回か表面に表われていました。

こうして、民団の側はそのままいいなりにならないながらも、結局、上からの編成の企図の枠組みに、全体としては組み込まれた形で、展開して行く事になります。その意味での、それ以前の自主的性格のものとは、ちょっと違って、本国の権力との制度的つながりがやや強まった事は、何かにつけて表にあらわれてもいます。

外国人登録の問題をめぐって

たとえば外国人登録問題についての組織の態度も前とはちがってくる。五二年の段階で、それまで非協力だった民団が、本国の方針に従ってこれを受け入れて行こうという事になってきます。五二年の段階でも、管理の強化を拒否すべきだという論議はあるのですが、登録にあたって国名欄に韓国と記す事が認められるならば、それを条件として登録に協力していくという全体の方針が、上から固められてゆく進行の形をとってしまいます。その辺も、この時期の民団の性格は表われているという風に言わざるを得ないと思います。だが反面、生活上の問題を解決するのには民団は有利な立場にあったということがあり、また在日朝鮮人の九〇%の故郷は南にあるということもあり、生活上の必要から民団に籍をおくことはやむをえないことでもあったから、このころから徐々に民団にも大衆的基盤ができていく。民戦側からすればいらだたしい事態の展開ではあるが、といって民団傘下の大衆をひとしなみに敵視するわけにもいかない状況になっていきます。

この時期以降にもまたがることですが、たとえば、在日朝鮮人事業家が名前を使い分けたりして、一方民戦・総連にもカンパしているし、民団にもカンパしているという形が生じてきた。一見不思議な形で、両方とも民族団体として認めるような姿勢ともいえますが、五〇年代にはそういうことがざらにあり、もっと後でもそのようないろんなケースがあるのです。

つまり今日に比べれば、六〇年代、五〇年代とさかのぼるほど民団・総連のどちらに属するかは案外二者択一ではない。のちに決定的になるような国籍選択にしても、実感的には便宜的なものと感じられる状況があった。

今日でもある意味ではなにほどかそうなんですが、意外と民団に属するか、総連に属するかという事は、両方の頂点にかなりはっきり分かれている部分があるけど、両方とも支持するような態度も、大衆的なところでは結構多くあった事が注目されます。

その意味で言えば、いま民団組織史を話したわけですが、民団組織史とは別に、民団民衆史、民団に所属し登録上韓国の籍を持っている人々の、民団側の民衆史をきちんととらえ返すという事をやらなければならないだろうと思っています。思っていながら必ずしも充分果せませんけれど、以上簡単に民団側の動きをたどりました。

第二次教育闘争

民戦全体として五〇〜五三年の時期について言いますと、体系的に語るとすればまだ多くのことがありますが、いまそのゆとりがありません。ただ、もしもこの時期の運動にはらまれていた問題点のなかで、今日特に重視しなければならない事があるとすれば、次の二つの事かと思います。

第一に五四〜五五年の民族学級が各種学校におとされる事への抵抗、第二次教育闘争です。

あらゆる困難な状況の中で充分に、そこにだけ組織が精力を集中するわけにいかない条件の中で、末端の、時には給与も満足には出ないなかでがんばった個々の教員や、食うものもきりつめて維持してきた父兄の努力に支えられて民族学校は存続していました。ところが権力側の意図に依って、左右されてしまった面がある。再びそこに障害が課されてきます。

教育文化活動の領域でのこの時期のありようが、これから後の現代の段階に対して、一定の影響を及ぼしている事はないだろうか、という観点から、そのように追いこんだ権力の動きはつよく糾弾されねばならないと思います。勿論、日本人側からそのことに対してどう見ていたかという事が、やはりそのことと大きくかかわっていきます。

その点を第一にこの時期の歴史の中で考えて見る必要があります。

総じて二つの課題の内、生活権擁護よりは、本国民衆との一体化をめざす巨大な課題に取り組む事に総力を上げるということが、この時期の運動の前後に比べても、際立った特徴だったわけです。その事自体はほとんどやむをえないことでしょうが、その為に生じた困難や大衆の中の空白感を、その後どういう風にきちんと意識的にうめて行く努力がなされただろうかを検討することが、「同化」状況へのためにも求められることかと思います。

第二は、個々人の内面生活の問題ですけれど、一方では、形式上日本共産党の指導下にあり、一方では漸次、共和国との関係がついていく中で、今迄の路線を担って悪戦苦闘して来た朝鮮人党員の立場に思いをいたすことだと思います。朝鮮戦争終了後にとりわけ選択の岐路に立たされることとなった苦悩の経験は、朝連・民戦の中枢部での役割を果して来た人ほど、今に至るまで、語る事が出来ないまま、胸におさめられたまま、人に知られることなくあると思うのです。表面的な資料では、想像するしかないようなことがらですが、この体験的真実を、いわば親の想いとしてもっと深く理解しておくという事が、いろんな意味でいま必要ではないかと感じられます。

一九五〇年〜五三年については、断片的なきらいがありますが以上です。

◇第二部の注

① 「第三国人」ということばは、占領軍が使った member of the third nation ということばに由来する。この英語としての意味は、戦勝国である連合国、敗戦国である日本のいずれにも属さない人々という意味の単なる法律用語で、事実としてはほとんど植民地下から解放された朝鮮人、台湾出身中国人で日本に住む人々をさした。戦後日本は、この英語の訳語から解放国民というニュアンスを奪い、特異な差別語にしてしまったのである。内海愛子「『三国人』ということば」(『朝鮮研究』一〇四号、一九七一年四月)参照。

② 「……朝鮮人党員がどしどし党の基本組織について働くことが何よりの先決問題であって、その線でどんどん活動してゆけば、党の力も強くなるし、革命も前進してゆくし、また朝鮮人一般大衆が日本人大衆と一緒になって盛んに活動するということは、他

方朝鮮人大衆が加入している朝連を下から強くしてゆくことであり、活発化せしめることでもある。……といってこのことは朝連が不必要であるというわけでは決してない。民族的な特殊性というものが現存しており、それが無視されるものでない以上、朝連は民族的な特殊的な利益を擁護する団体として今後も益々その特殊的な立場にたった活動を、朝鮮人間においては勿論、日本人に対しても大いにやってもらって、そして党の基本線の活動と、朝連からの活動を大衆活動の面の中で正しく結合させてゆけば、運動全体は有機的な一体として党の指導の下に統一され、そして活発に進展することが出来るのである。朝鮮人の利益も、日本のプロレタリアートの支援の下に正しく保証され、擁護されるのである。この途以外には、日本における朝鮮民族の利益を正しく守り得る道はない。また現在の朝連の運動のゆきづまりを打破し、諸偏向を克服し、朝連を真に大衆的な、大衆と緊密に結びついた組織とする方法はないのである。そしてこの道こそは、朝鮮人運動を日本の全革命運動に正しく結びつけ、これを完全に一体ならしめる途であって、運動の一大転換を意味するものである。……(朝鮮人の運動は朝連中心であるべきだという主張が出てくるのは)……要するに、朝鮮人はどうしても朝鮮人の中で、という原則がこびりついているからでもあり、また朝鮮人の立場にたって日本の革命運動をみようとするからである。これは一種の民族主義偏向であって共産主義とは相容れないものであるが、しかし何時までもこれを固持すると、どうしても党の基本的な立場から朝鮮人問題をつかむことが出来なくなってしまう。……これと逆のことがやはり日本人同志についても言えるのではないかとおもう。つまり朝鮮人のことはもう日本人の問題とは別だと言ったような。これは終戦と同時に急変した情勢のもとでは止むをえないことだったかも知れぬが、しかし、同じ党の立場からは、このような考え方は決定的に有害であって、党をインターナショナリズムをもって結合させることを妨害するものと言わなくてはならぬ。…」(金斗鎔「朝鮮人運動の正しい発展のために」、『前衛』十六号、一九四七年五月)。

③　これがこの組織の正確な名前である。よく、四六年にできた南朝鮮の「民戦(民主主義民族戦線)」や、同時期の共和国の祖国統一民主主義戦線と混同され、誤った名で記されていることがある。

④　すでに一九五一年一月十日の民戦結成大会での「全在日同胞に檄す」でも、「権力機関は我々と日本人とを仲間割れさせるために躍起となっている。このことは日本を戦場化し、日本人を戦場に駆り立てるためである。我々はこの本質を宣伝し、日本人自身の問題として共同して闘わなければならない」といっており、たとえば五二年五月二六日の民戦第六回中央委員会の在日同胞へのアピールのスローガンは、「在日全同胞よ、祖国解放戦争の勝利のため総決起せよ」「日朝両国民の固い団結万才」「在日同胞は民戦の旗の下に固く団結しよう」「日本国民を朝鮮の侵略戦争に送るな」などであった。

⑤　李承晩政権の申し入れに応じて一九五〇年二月二三日日本政府は本人の希望により外国人登録証の国籍欄に「韓国」と記載することを認めたが、その「韓国」の意味は「朝鮮」同様単なる符号で国籍を示すものではない説明をしてきた。事実、当初はこの「韓国」への記載変更は別に韓国の国民登録をしていることを要件としていなかった。ところが、日韓条約審議中の一九六五年十月

二六日以来、突然この登録証の「韓国」記載は国籍を意味するが、「朝鮮」の方はやはり符号だといいはじめて今日にいたっている。

第三部

分断固定化時代の在日朝鮮人運動

(一九五三〜一九六五)

これからはいよいよレジュメの三番目の最後の、主催者の方でつけられたタイトルでは、私も賛成なタイトルですけれど、「分断固定化時代の在日朝鮮人運動」となっているところに入ります。「分断固定化時代」というのは、今韓国の心ある方々が、分断をいかにしてなくしていくかが課題である時代だという思いをこめて、敢えて使っておられることばです。その「分断時代」ということばの使い方に、いわばならって、こういう言い方をしたと思います。分断が固定したままで続いている状態を直視し、それをなくしていかなければならないものとしてとらえるというニュアンスが含められたことばであることをまず強調しておきたいと思います。

時間的には一九五三年から六五年までと一応なってますけど、朝鮮戦

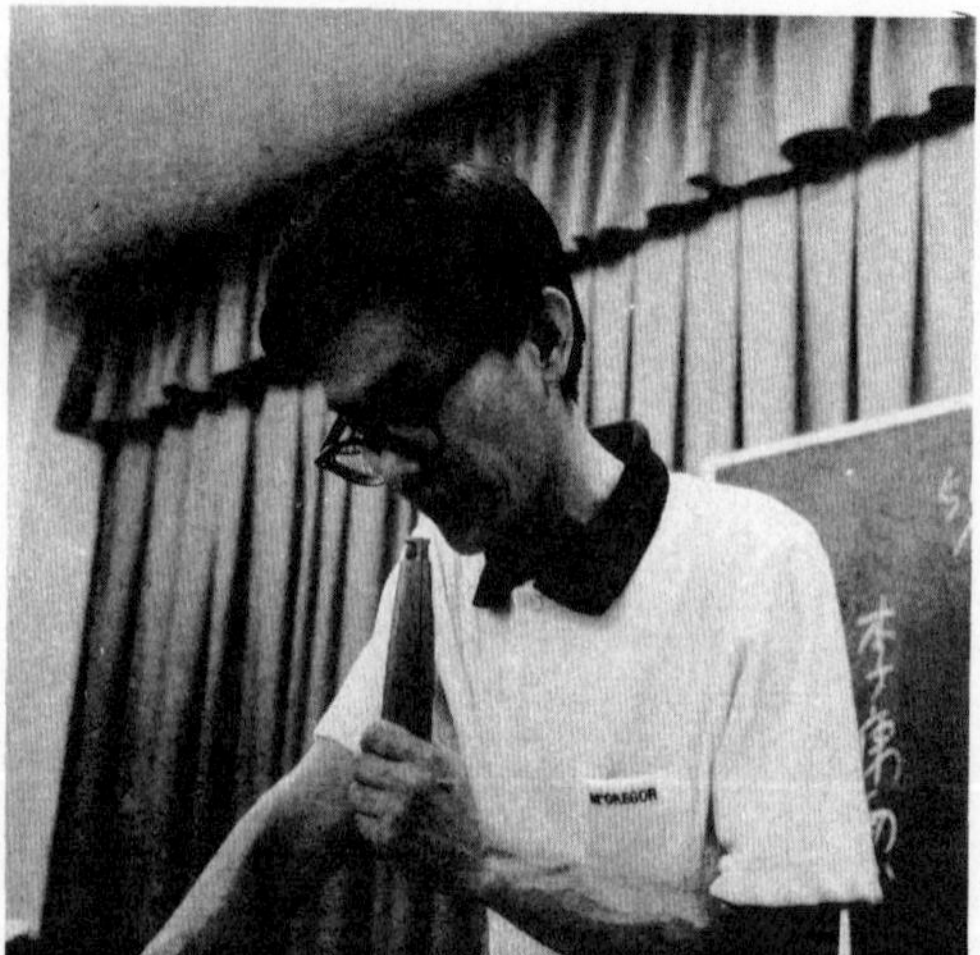

争終了後ということはいいとして、六五年は確かに現代史の大きなきれ目であり、つまり言うまでもなく日韓条約ができたということによって、日朝間の客観条件がすべてそこから少し違ってきているという意味でひとつの大きな切れ目とみるべきでしょうけれども、「分断時代」という特質は、六五年以後もいままで続いており、その面からみれば、むしろ六五年は、別にきれ目ではないでしょう。だからこの話のなかでは六五年以後のことはあまり言わないとかそういうように厳密に六五年までとはしないで、ときにはそれを前後しながらいまにいたるまでのことにふれつつ話を進めることにします。

同時代としての「分断固定化時代」

この時代こそある意味でいえば、ここからが現代というべき時代です。今まで話してきたところはある意味では、もう、ひとつの歴史となっている。「朝連・民戦の時代」はいまや、そこから何を受け継ぐかを考えながら、過去の歴史としてみる時期と言えるかと思います。

そこには本当にさまざまな教訓が含まれていると思いますけど、在日朝鮮人をとりまくさまざまな事情の基本的な枠組みが今と共通する時代というのをさかのぼって考えると、ここからつまり、五三年以後ということになるのではないかと思います。それだけに非常に切実な問題をよけい多く含んでおり、逆に同時代史ですから、まとめにくい点もあるわけですが、一生懸命やってみたいと思います。

路線転換―民戦から総連へ―

まず、組織形態上この時期のいちばん最初の主なでき事というのは、その時点までまだ、在日朝鮮人の過半数がそれにかかわっていたと言える側の運動が、民戦から今日の在日本朝鮮人総連合会（「総連」と略して呼ばれておりす）へと大きな路線転換を経験したことだと思います。その路線転換の問題、総連の出発という問題をふりかえってみることがまず必要だと思います。

総連は一九五五年五月にスタートしております。その前後のことがらなんですけれども、路線転換がどのような形ででてきたかという問題です。

路線転換を推進した南日声明

さきほどの話の中でも、すでに一九五一年頃の民戦が組織されるその時点からすでに路線論争があったと申しましたけれど、日本共産党の形式上の指導からも離れて、朝鮮民主主義人民共和国の指導の下に在日朝鮮人運動を展開すべきであるという、共和国との関係を非常に重く見る主張が民戦の路線に対する批判として登場しはじめていたわけです。

今日まで総連の指導者である韓徳銖《ハンドクス》氏などが、最も積極的にその議論を展開して、そういう形で路線転換を導いてきた人であるわけですけれど、論争の過程がありつつも、朝鮮戦争中は「民戦」の形で走り続けざるをえなかった。それが朝鮮戦争終了後いわゆる分断固定化時代に入り、そして民戦の大きな犠牲を伴った闘争によって生じたさまざまな困難を把えて組織運動が建て直されていく過程で、その建て直しの仕方がいやおうなしに問題になった。そしてどういう形で建て直し、収拾するかが議論になったときに、従来から生れはじめてはいた共和国との関係を重視する形で再編成を進めていくべきだという考え方が急速に主流になっていって、そしてこの路線転換を導いていったわけです。

その大きなキッカケになったのは、よく知られていることですけれど、当時共和国の外相であった南日《ナムイル》外相の名で出された、ふつう「南日声明」（注①）と呼ばれているものであります。これは五四年八月に、出されたもので、路線転換を主張する側の基本的なよりどころとして非常に重視されたものです。その要点は、在日朝鮮人運動は日本の中の少数民族ではないのであって、その運動に対する日本共産党の指導性を否定するということでした。もっとも否定するという表現が表面的にあるわけではなくて、暗にそういう意味にとれることが言われているわけです。表面的に強く打ち出されていたことは、在日朝鮮人運動は朝鮮民主主義人民共和国の在外公民としての運動であるべきだということです。

これはいわば共和国の在日公民の運動にむけこの指針という意味をもってうけとられた。それに基づいて、路線転換を推進すべきだ、それが正しい路線であって、従来の民戦の行き方のように日本革命の一環として日本の党の指導下に存在する形は誤りである、日本共産党の党員の立場にある者の場合ならば、そこから離れるべきであるというようなことなど、個人の生き方をも大きく変えていくようなう問題提起がなされるようになりました。これは考え方の根本的な転換をせまるものでした。

当然この路線転換の過程においては論争もありましたし、さまざまな迂余曲折があったわけですけれど、民戦が課題としてきたようなことが大きな壁にぶつかっており、朝鮮戦争が収束して局面が大きく変わった状況のもとで、相変わらず民戦の路線のままで行くんだというような主張は減っていき、どういう手順でかは別として、分断固定化状況下での運動の建て直しは南日声明の示す方向に従ってやっていくべきだというところにかたまっていく。そして、やがて今まで民戦の運動を担ってきた人々の大部分も含めて、この路線転換に同意していく経緯が見られます。

朝鮮総連の結成

そのようなことの中で、一九五五年五月にいまの総連はその組織としての出発点をもつことになるわけです。総連を知らない人はまずいないでしょうが、いったいどういういきさつで、どういう綱領のもとに生まれてきたのかということは、案外に知られていない面もあるので少し紹介しておきたいと思います。

簡単に発足時点の綱領を要約していえば八項目四種類ほどのことを掲げております。（注②）それは順序をつけて四点と言えるかと思うんですけれど、まず第一に祖国の平和統一と独立のために在日朝鮮人として寄与すること、第二に世界的な一般的な課題としての平和擁護という課題にとりくむこと。当時の世界情勢としてはジュネーブ会議などがあって、東風が西風を圧すということばが出てきたりして、いわゆる平和共存論が展開されはじめる、そんな時代状況だったわけですけれど、そういう意味で世界の平和擁護勢力の側に立ち、平和擁護の一環を在日朝鮮人として担うんだというような意味のことです。

それから三番目が日本における在住に伴う、民族的権利ということばに表現されるようなさまざまな生活上の問題に取組むということ。それから四番目に、共和国公民であるとなれば必然的な任務となりましょうが、日本と共和国との間の関係を積極的なものにしていくために、在日朝鮮人としての独自の役割を担うということが揚げられています。そこでは、その時点ではもちろん、今に至るまで日本側が受けとめることがなくて実現されていないわけですけれども、方針として日朝間の国交正常化のために努力するということが、綱領レベルにもはっきり掲げられております。

いずれにしろ、そのような日朝間の関係の緊密化ということに即しての課題が四番目であります。以上の四点に要約されるような形で総連の新しい路線が提起され、徐々に、それにそって運動が統括されていくことになります。

『在日朝鮮人運動の転換について』

その路線転換を主導した韓徳銖の執筆になる『在日朝鮮人運動の転換について』という論文があります。いわば路線転換に関する基本文献です。日本語版になってるのは見たことがないのですけれど、総連をその歴史性において理解するためには、これはいろんな意味で重要な内容を含む論文じゃないかと思うので、少しみてみたいと思います。

一九五五年三月に民戦の会議で演説されたもので、その後総連ができてからもパンフレットにされて、私が朝鮮史を勉強するようになった五七、八年頃には、九月書房などに学習文献としてたくさんおかれてあったと記憶します。この文献を今読んでみますと、路線転換のいきさつというか、そのときの論争点が何であったかということなどが、わかるわけです。

全体として従来の民戦路線への強い批判ですが、そのなかで特に目立つところを客観的にピックアップしてみますと、この路線転換は情勢の変化によって転換するのではない、もともと民戦の運動は間違いだったんだ、という考えを強く打ち出しております。(注③)民戦時代の形式上日共—民対という形でつながっていた、そのことが誤りだと主張しているわけですが、かえってそれ以前のさらにさかのぼる朝連の時代の運動については、むしろ意外と、基本的には朝連の時代にはそんなに間違いはなかった、という位置づけをしております。

そこには、韓徳銖氏は朝連時代は運動にかかわっているが、民戦時代には最初から批判者の立場であったというような歴史的経過なども背景になっているかと思いますが、情勢の変化によって転換するのではないと、敢えて強調している背景にはこういうこともあるようです。

一方に、民戦を指導してきた人たち、もと民対の人たちなどを中心として、いわばその論争の中で、韓徳銖論文と対峙する側の主張があったわけですが、たとえば、それは民戦の側が五四年の暮ごろに出したパンフなどによって見られます。それを見ますと、すでに、路線転換を受け容れる、それが正しいとしているわけですが、論理が違うわけです。つまり、客観情勢の変化によって、今ではこの方針——つまり路線転換、共和国と結びつく在日朝鮮人運動という路線——が正しくなったんだ、としています。(注④)民戦の時代は民戦の時代の客観条件の下であれで正しかったんだが、客観情勢の変化によって新しい方針が生まれることになったんだという主張であり、それに対置するものとして、韓徳銖論文はもともと誤りで情勢の変化なんかではないんだということを、一層強調する形になっているわけです。

「先覚派」「後覚派」論争

ここから、路線転換のやり方をめぐっても、旧民対——民戦指導部と韓徳銖を中心とする人々との間の意見の相違が生じます。総連結成過程以後も、若干の期間、総連の組織の内外で、議論が尾を引いていった経過もあるようです。このへんになりますと、当時の痛切な体験をもたれている方も多いし、ちょっと語りにくいのですけれど、当時のいわゆる「先覚派」「後覚派」との論争がそれです。

組織としての転換を具体的にどういう形でなし遂げていくかということをめぐって意見の対立があったようです。先に路線転換を主張した側が先覚派で、その問題提起に最初は批判的であって、やがて受け容れるようになったけれども、なおその進め方について独自の主張をもった旧民戦執行部に属する側などのことを後覚派と当時は呼んだらしいのですけれど、後覚派の側の主張は、今まで非常に厳しい状況の中で、誤りを含むとはいえ、在日朝鮮人運動を実際に担ってきた部分が主体的に転換を遂げていくのでなければならないということでした。

民戦時代の厳しい闘争を外側から眺めている立場にあった者ではなくて、民戦の指導部であった自分たちの側が責任をもって転換を為していくべきだというような考えが、かなり強く打ち出されていたようです。そういういわば在日のなかでの独自の主体的な活動の止揚として、新しい路線への移行を位置づけねばならないという主張は、論争の現象的経過としては、結局だんだんに自己批判されていき、先覚派の路線に従っていくという形で、だんだん解消されていく、という推移をたどったように見られます。

日本国家に対する内政不干渉原則

こうした論争過程が、その後の総連のありように、やはり一つの歴史的規定性を与えているということは、認識しておいた方がいいだろうと思います。つまり、後覚派的な主張を批判する形でスタートしたゆえに、いきおい共和国との関係をとりわけて強調することになったし、在日の主体性にかかわる議論も、後覚派的な議論に通ずるところがあるから、それは間違いだと強調する方に傾きがちであったといえましょう。そのいきさつが、総連がその後二十年以上経過する中で再び在日の独自性の問題を考えていこうとするとき、ひとつの制約要因となっているともいえましょう。もちろん二〇年間に時代状況はだいぶ変っていますけれど……。

そういう経緯を知らないで、ときどき日本人が総連について、ずいぶん大胆な議論をすることがあります。日本のなかで生活している以上、総連は日本の団体ともうちょっとうちとけた関係になってもいいじゃないかとか、かなり水臭いじゃないかというような感覚がよくぶちまけられたりするわけですけれど、総連としてはいわば民戦の経験にこりているわけです。意識的に日本の運動潮流と分離することを強調しなければならない立場で出発しているということが、総連の側の歴史的事実としてあるんだということは知っておいた方がいいと思います。安直な共闘論議では、総連の側から見て、たやすく受け容れられない。こういう形があるんだということは、事実として重要ではないかと思います。俗にいう内政不干渉原則もそのようなことがらからと関連しています。

民族的権利を擁護する限りで、日本国家がこれを侵していることに対しては、批判をせざるをえないわけだけど、日本の政治一般について口を出すことは一切しないという原理を、自己規制的に強く守る姿勢が、それ以後の総連の運動では一貫して強いわけですが、それは日本国家・社会の差別・抑圧に対処するためということもあるけれど、こう言ったようなこととも関連しているといえましょう。

そして、たとえば教育体系などにおいても、共和国の教育体系そのままというわけではないとしても、いろいろな意味で、教科書等においても、それを絶えず基準として念頭におく方向が強められてきたように思われます。今日知られている民族教育のそういう特徴は、ある意味ではこの時期から始まると言ってもいいのかと思います。

昂揚期としての一九五八年

ともかくそういう路線転換をへて総連という新しい組織への建て直しが進んだ。もちろん総連は大衆団体であり、大衆団体という意味で朝連や民戦などと同じ性格のものですけれども、その総連の大衆団体としての組織の回復がすみました。その頃から私は、日本人としていわば端《はた》で見ている立場であったのですが、それが軌道に乗って、新しい路線が今に比べると新鮮なものとして映っていた時期は、一九五八年頃だったかとおもいます。

たとえば、留学生同盟の活動も、多分その頃が一つのピークだったんじゃないかと思います。朝鮮大学校がスタートするのもその頃です。雰囲気の昂揚に従って、総連と連携する日朝協会等々の組織が、日本人の側でも育てられる過程も同時に並行してすすみます。そういう雰囲気は帰国運動を生み、帰国運動は五九年以後に結実されていく。そういう形を生んでもいるように思います。

そういう昂揚期を経て以後、ずっと今日まで基本的にはそのころの運動のパターンが続いているということになるかと思います。そのように整理してみますと、この時期以降の総連の運動の、ここから始まることに伴う歴史的特徴が分りやすくなると思います。

冒頭に申しましたように、本国と在日の運動との関係をずっと一貫して問題にしてきたわけですが、ここから関係のありようもそれ以前と、少し違ってきているわけです。本国の方針が直接的に運動の指針とされる、という関係のあり方はある意味では、政治レベルでの韓国と民団の関係の強化という先にみた過程とパラレルであります。本国での方針が何かにつけ意識的に規範化され、それにならうことが正しいとする姿勢が、いわば意識的に選択されるという形になってきています。そのことがどうなんだろうかという議論が、最近いろいろな形で出てきています。二〇年間の実践の結果、その過程のなかでの新たな問題として今後は出てくるのだろうと思います。

本国のことを念頭におきつつも、具体的な方針等においては、実質的には独自に決定せざるを得ず、そういう形でありつつも、感性的には本国民衆と関連し合っていた朝連の時期、あるいは朝鮮戦争時期のように、本国の民衆の苦難を少しでも軽くするために独自の役割を担おうとする本国とのかかわりかたであるよりは、本国の指導を受けようという形で、結びつきを考えようとする形に、関係のあり方が変ってきた。それが、いわば組織の方針として規定されていったところが、以前とは違うことではないかと思います。

日本人との連係

もちろん、そういう方針のもとでも、日本社会のなかでの生活上の問題について取組んでいかねばならないということは変らずにあるわけですし、当然その課題もとりくまれていった。しかし、その日本社会のなかでの生活上の問題を直視し、そしてそれについてどうすべきかを議論することが、やはり、本国直結という全体の理論構造上から、なかなか主要な論点となりにくくなったと思われます。

そういうなかで、実際上の経験的なものに基づきながら、そういう課題を、日本のいわゆる民主勢力等との結合関係のなかで、一種の共同闘争的な形態を含みながら実現していった。とりわけ特に日韓条約前後から、韓国＝民団側に、政治的な国家レベルでの太い関係ができるにつれ、勢い、たとえばいわゆる文化人の領域において、それに対抗して総連側を支援する日本人を意識的に形成していくことが、取組まれたりもするわけです。とにかく、それも伴いながらも、基本的な筋としては、共和国公民としてということばに要約されるようなことが、運動の重点となっていったといえましょう。

四月革命、民主回復闘争との呼応

一方、この間の民団の側に目を向けてみますと、ある意味で似たような本国との政治的直結関係が、やはりいっそう進行していると思われます。もちろん具体的な形は総連の場合とはだいぶ違います。上の方針が末端まで実質的に浸透していく度合は依然としてそう強くはない。そこは自由主義を掲げる民団の特徴であるともいえる。（注⑤）

最近の現象だけみているとそうも思えないでしょうが、いわば原理的にゆるい組織という側面があるわけです。また、本国に政治的に直結はしても、朝鮮語によって民族教育を行うというような方針を実践することはほとんどできず、民団側に属する人々の子弟のほとんどは、いやおうなしに日本の学校に通わざるをえない、というような形があります。何かにつけて総連と全く同じではないわけですけれど、同じ本国直結の方向への動きがややジグザグの道をたどりつつ進行していくといえましょう。

そして、表面的な経過として、本国である韓国の政治的な変動等に、そのつど間接の影響を受け、そのことによるいろんな動きを派生させてきたことは、最近のことなんで多分みなさんも多くはご承知かと思います。あらためて大きなことを整理してみれば、一九六〇年の四月革命によって韓国の局面が切りひらかれたことは、民団側の大衆のレベルにかなりの衝撃を与えた。あるいは日本人の韓国を観る目も、それ以前とは違う関心からのものが生れたことは疑いないと思います。そうしたなかから、いろいろな組織ないし機運が新しく生れてきもします。たとえば在日のキリスト者のなかでの、本国に対する関心のありよう等も、この辺を転機として本国の教会の現実参与の方向性と歩みをともにしながら、従来とは少し違うものになりはじめていくということがあったように思います。

また学生層のなかでも、本国の民衆、四月蜂起を担った人々の関心事を自分の関心事としようとするような、そういう問題意識が芽生えます。そうした機運の中から、六三、四、五年にかけての日韓闘争の時期までには、本国の民衆と呼応する形での、当時の韓学同（在日大韓民国学生同盟）あるいは六〇年代までの韓民自青（韓国民族自主統一青年同盟）――この組織はその後の変化も早かったけれど――の運動などが生まれていました。

つまり、政治権力ベースの上からの結合とは別に、民衆レベルで本国と反映し合うようなものがこの時点で新たに芽生えてきたことは非常に注目されることでしょう。これは、ある意味では、民団側もすでに相当の大衆的基盤をもつものになってきているということを示すとみられます。さらにこの機運がすすんで、七〇年代に入っては、韓国での民主回復闘争に呼応しようとする潮流が全般的に成長してゆき、七二年の南北共同声明と「維新体制」という本国情勢の変動に規定されつつ、組織的にもはっきり「維新民団」とわかれて、いわゆる「自主民団」―「韓民統」となり、また急進的な韓青（在日韓国青年同盟）の運動を生んでいった。そして現にその潮流が存在していることは、ご承知のとおりと思います。

一方に本国政府により強く直轄されるようになった維新民団組織が存在しながらも、それとは別の、本国の民衆の側と結びつこうという営みもあるわけです。これは本国での権力と民主回復闘争との対峙関係という状況がやはり日本の中での運動に一定反映されていることを示しているといえましょう。

日韓体制の運動への規定性

自主民団に進む流れではない側、というより本国側の志向としては、六一年以後とりわけ日韓条約以後、たとえば協定永住（注⑥）の問題等、日韓間に国家関係ができあがり、それを通じてさまざまな法的保障と規制が韓国の国籍をもつ人に対して適用されるようになったことを利用しつつ、組織を拡大していこうという志向を強めました。もちろん協定永住権にはいろいろ問題が含まれているわけですけれども、そういうような事情のなかで、たとえば郷里が南にある人が在日朝鮮人のなかで非常に多く、何十年も墓参りもできずにいた事情や、とくに日韓条約下で開かれた日韓間の経済関係に伴う事業家レベルの活動領域の出現や、あるいはもっと一般的な民衆レベルの日本での在住権の安定の願望などが要因となって、とくに協定永住権申請の過程などのなかで、実際漸次民団は組織を拡大してきました。そして、協定永住権申請の締切り時点においては、在日朝鮮人の全体の約半分が韓国籍をもつというところにまで至っているわけです。

それ以前は朝鮮籍をもつ人の方が、数が多いという形がずっとあったのですが、それが総連・民団の両団体がほぼ似たような規模となり、いわば本国における南北の対峙と同じように、日本のなかで対峙するようになり、そしてその対峙状態のなかで組織の政治分極化指向がより強められるようになって、大衆をとまどわせるような面をもつようになった。そして、その対立状態が激しすぎて、民衆を政治から逃避したい心境においやるような事情が現出してきて、実質的にはかえって両団体のいずれにも動員されにくい層がふえてきたのは、日韓条約前後からと言えるかと思います。

そういう意味で、分断固定化状況は、まさに在日朝鮮人の生活環境のなかにも、そういう形で影をおとすに至るわけです。そしてしかし、それぞれの団体が、最初にうんと大きく整理した二重の課題について、それぞれの仕方で解決していこうと、対立し合いながら別々に取り組みはします。そのなかで、本国の政治指導に結びつく政治課題すなわち統一運動の領域では、本国での分断固定状況を反映して、双方の運動の方向性はそう簡単には接近しえないが、日本のなかで生活していることに伴う固有の生活と人権の問題の領域では、大いに共通する問題があるのに、別々に、またややちがう方法でとりくんでいるために力をそがれるという状態になっている。時間がたつにつれて、この問題に真剣にとりくまざるをえない状況が深まってきているのであり、その意味でこの状況をどう突破するのかが大きな課題になってきているといえましょう。

日本人の主体性

以上のように表面的な組織の推移が見られたなかで、今日どういう問題がとくに大きな問題点としてあらわれてきているか、ということまで、断片的ですが心臓にも少ししゃべってみようかと思います。もちろんこれはそんなにきちんと整理しきれる問題ではなく、気のついたことを一、二指摘するという形にならざるをえないことをお断わりしておきます。

この分断時代を日本人の立場でみていての実感ですけれど、二つの組織が対立しあうという状況による困難は、何も今急に始まったわけではなく、朝連時代からすでに本国の分断状況の反映としてあったわけなのに、生活者の個々人にとって実質上重苦しくせまってきてとまどわせられるという度合が──私の経験している範囲は五〇年代の末からこっちなんですけど、その範囲でみてみても──ずっときびしくなっているように感ぜられます。けさ申しましたように、総連にもカンパすれば民団にもカンパするというようなことが、案外自然な形で結構できたりしていたようなとげとげしくない感覚が、いまでももちろん完全になくなったわけでないにしても、だんだんへって窮屈になってるように思われます。本国の指導が強化されていく過程がそういう結果を生み、かえって双方の運動の大きな展開がさまたげられている状態があるように思います。

最近とくに七〇年代になると、在日朝鮮人だけでなく関心をもつ日本人にまで、系列化をせまる波がおしよせてきているように感じます。私自身の問題でもあるわけですけど、日本人としての独自の観点、あるいは統一朝鮮の立場に沿う観点を主体的に何とか維持しようと思っているわけですが、そうあることを困難にするようなさまざまな働きかけがあり、それに対して逃げ回っているだけでは現実から離れてしまうことになるからなんとか独自の統一朝鮮に沿う筋を貫きながら、一つ一つのことに対応していく構えをくずすまいと思っているのですが……。

実際問題として、こういう平凡なことのためにも、けっこう細心の注意が必要な状況と感じます。つまり、自分ではそういうつもりでもないのに、ある事に対しての処し方によって短兵急にどちら寄り、どちらの系列というふうにみなされがちな窮屈さが、やっぱり七〇年代の進行とともにかなり煮つまってきているような気がします。

逆に言うと、こういうことでいいのかという気持ちが起こらざるを得ないということでもあるんですけど、実際それは当の在日朝鮮人の生活者の立場においては、日常的にもっと切実な経験がいろいろとあるのではないかと思います。

朝鮮統一と在日朝鮮人

こうした運動の分断状況のなかで、生活者の実感としては、どちらの方針にも夢中になってついて行くわけにはいかないという感覚が強まってしまっているように思われます。組織を通じて祖国とストレートに、素朴な意味で結びついていくことに対するためらいや懐疑が、組織の周辺の方にどちら側から見ても確かにかなり広汎に生じてきていると思えます。

もちろんその背景には日本社会の変らぬ差別状況の中での一～二世への世代交代ということもあるわけですが、とにかくややこしくてかなわん、どっちからも逃げだしたい、おれはどっちでもないんだということになると、実際の生活の場である日本社会のなかに埋没していく、というような道に入りこんでしまいかねない。そうなるとこんどは組織の側からそういう生き方を強く批判され、ますます居直らざるをえなくなってしまう。そういう他律的要因だけではなくて内面的な問題として考えてみても、若い在日朝鮮人が自分で自分を納得させて生き方をわりきることが必ずしも簡単でない客観条件が生じていることは理解されるべきでしょう。ものを考える生活者ほどその悩みが深いように思います。

たとえば日本人の教師の立場で考えれば、日常生活の中に埋もれているように見える個々の在日朝鮮人の生活の中にも、こうした質の悩みがありながら、なかなか日本人にはたやすく打ち明けきれない問題としてあるというところが、トータルに洞察できなければならないという、大変大きなことが要求されていると思います。

表面的にみれば、組織活動等にそう熱心にかかわっているのじゃなくて、一見日本社会の中に埋没しているようにみえながら、このような状態では困る、なんとかしなければと気をもんでいる、そんな感じの人々がだんだんいろんな形で形成されてきている、これが七〇年代以降顕著になっている現実ではないか、その現実を直視しないわけにはいかないと思います。多分民族団体自体もそのことを直視せざるをえなくなっていると思われます。

そういう事実を認めたそのうえでですが、このごろよくあるように本国の情勢の推移や統一問題なんて在日朝鮮人の生き方とは関係ないという極論を敢えて言い切ろうとすることはやはり気になることです。無理もないことだとは簡単にはいえない気がします。そういう姿勢自体もやはり分断状況、大きくは本国の状況に規定されている特殊今日的な、意識のありようだと思えます。少なくとも客観的事実として、今後とも本国の情勢の推移は、在日朝鮮人の生きていく条件にやはり大きな影響を与えていくだろうと思います。本国が統一すれば在日朝鮮人の差別もたちまち全然なくなるだとか、そんな簡単な話ではないのは言うまでもないとしても、逆にだから統一と生活とは関係ないということにはなりません。大きくはやはり統一問題の局面の進展が、ある意味では、本国の人々以上に、在日朝鮮人にとって、民族差別のなかで生き、これと闘っているがゆえに、いっそう切実な問題であり続けるだろうと強調しておきたく思います。

変動期の日本社会のなかで

ところでもう一方、日本社会の中での生活条件の変動によって、最近に至る時期の在日朝鮮人運動がどのように規定されているかという側面も、無視してはならないと思います。次にそちらの方の角度から考えてみたいわけですが、前にいった段階の基本的な特徴からして、そのことが重要な問題なのに論議されにくくなっている状態があるような気がします。

みんなが一定の変化を感じていながら、日本社会の中での生活条件が運動にどう反映しているんだろうか、というようなことを敢えて論議しようとすることが避けられている傾きが、ここ十年ぐらいあるのじゃないかと思います。

運動はつねに、大衆的な生活の基盤と深く関係しあってはじめて成り立つものでしょうし、そういう意味では、確かにいろいろ複雑な要因があって、論議しにくいわけですけれども、敢えて論議してみることがこれからの課題ではないかと思います。日本社会自体が全体としてかなり急激に変化しており、その影響が在日朝鮮人の生活面にもさまざまな影をおとしていないはずがないと思います。

朝鮮戦争停戦以降の二〇年間をいま論議の対象としているのですが、そこに出発点をおくいわゆる日本型の高度経済成長があり、その過程の中で、日本社会のいわゆる戦後混乱期がすっかり収束し、今様の社会秩序が、悪い意味で、復活・固定してきているということがあり、そして高度成長の中で、経済構造自体のかなり急速な変動が起こっているということは、さんざん論じられているとおりだと思います。それと在日朝鮮人の生活との間にどういう関係があるだろうか？　あるいはそのような高度経済成長の枠の中に組み込まれて在日朝鮮人の生活があるとすれば、八・一五直後の頃にはあった南と日本と住んでる場は違っても同じような生活条件を抱えているということからの感覚の共通性がうすれてきたということはないだろうか？　つまり、本国の民衆生活と客観条件したがって生活感覚がずいぶん違ってきているということがあるのじゃないか？　これらの疑問がどの程度当っているのかいないのかをちゃんと検討してみる必要があるかと思います。

『在日朝鮮人に関する綜合調査研究』

その点と関連して気がつくことなんですけれど、在日朝鮮人の生活実態調査が、五〇年代まではかなりいろんな形で公けになっていたのが、在日朝鮮人自身による取り組みも含めて、それ以降めっきりへっていることです。

たとえば五〇年代のこのテーマでのたぶん名著と言えるかと思うのですけれど、朴在一《パクチェイル》の『在日朝鮮人に関する綜合調査研究』という書物があります。五〇年代までにさまざまな団体が行なった生活実態調査のデータが、そこに集成されているといえます。

六〇年代以降については、似たような調査を在日朝鮮人の運動体が、あるいは日本政府サイドはなおさら、あまりおおやけにしていない。日本サイドの場合やれないということもあると思うのですけれど、とにかく在日朝鮮人の生活そのものが、まとまった形で分析の対象とされることが比較的なかったのではないかということに気づかされます。運動の背景をなす社会経済状態についての研究が、どうも口はばったいいい方ですが、避けて通られているような感じが致します。もちろん単に組織がなまけているということよりも、日本の行政側の態度もふくめて、それをやりにくくするような複雑な事情が生じているあらわれと考えるべきでしょうが……。

あるものといえば、ごく最近に『在日朝鮮人史研究』の四号に訳載された、韓国の高麗大学校の『亜細亜研究』という雑誌にのせられた韓国の二人の学者による大阪のある地域の実態調査くらいかと思います。いわゆる社会調査の手法に従って生活状況、あるいはそれよりもむしろ意識のありよう等を重点的に調査したものです。最近のものとして局部的な調査ながら、参考になると思います。そういうしごとがかえって韓国の人の仕事としてあるということは、何を意味するのでしょうか?

なお、韓国の人のしごととしてはほかにも六〇年代末に新民党の議員であった金相賢《キムサンヒョン》氏の名による『在日韓国人』という本が出されたことがありました。そこにも在日朝鮮人の生活実態の変動についての調査などが多少盛り込まれていました。それにしてもしかし、五〇年代に比べれば全体としてかなり断片的なものしかなく、要するに高度成長下の日本の経済構造の変動がどういうふうに在日朝鮮人の生活実態に反映しているのかは未だ誰も明確につかんでいない、漠然とこうじゃないかと想像しているようなことがあっても、そのイメージは当っているかどうか分らないという状態なわけです。

高度経済成長下の在日朝鮮人運動

そこで敢えて、別にデータをもっての推論ではないのですが、その変化をどういうふうにおさえるかということについて、試論的なことを提起してみたいと思います。結論から先にいうと、私は高度成長は在日朝鮮人総体の中に新たなかなり振幅の大きい階級分化を生んではいないかと考えます。よく高度成長下に、在日朝鮮人の生活、所得水準、あるいは職業の安定度が向上したとか、韓国の民衆の生活と比べたらましな生活であるとか、漠然とそういうことだけを言うむきがありますが、それは不正確だと思います。高度成長下の構造変動が全体としてももっている矛盾が、在日朝鮮人の生活領域には、とりわけどういうふうに表われているだろうかという、そこを問題にしていく必要があるだろうと思います。

一般論的な推理なんですけれど、日本経済の高度成長というのは、実はその間一貫して、雇用面からみればいわゆる三次産業部門がほかよりもより急速に拡大していくという形で支えられてきたという面があるのだそうです。普通にイメージされているところでは、高度成長といえばいわゆる重化学工業化で巨大な設備をもつ工場がどんどんできていくことだけを、思いうかべるわけですけれど、全体としてながめてみますと、もちろん重工業も拡大するが、そこはむしろ人手はあまりいらずそれよりも商業・流通・サービスなどのさまざまな三次産業部門が拡大していった。今は、もはや低成長時代ですが、脱工業化とやらで、この傾向は今後ますます強まろうと予測されています。

日本に限らず欧米など「先進国」型の経済はみんなそうですけれど、あらゆる種類の三次産業部門が拡大することによってでないと、資本主義経済がこれ以上成長できないと言われ、成長率の維持のために三次産業部門を人為的に拡大していく政策が、これからはますますでてきそうだといわれている訳です。

ところで、日本社会の中での在日朝鮮人の生活領域は、戦後早くからすでにその傾向にあったわけですが、被差別部落の労働者の場合と似たように、基本的な生産点、核心的な部門の大企業などから疎外され、しめだされていた。日本社会の差別体系のなかで、低賃金の零細工業と三次産業部門にのみ生業の場がひらかれている、という形が五〇年代からあったわけです。高度成長過程もその延長線上にあった。基幹産業の巨大な企業の中枢部門なんかになりますと、オートメーション装置をごく少数の労働者が監視しているだけですみ、その周辺に下請・臨時工という形で大量の差別的に編成された低賃金労働者が使われる構造によって独占利潤が保障される訳です。さらに産業部門間配置でも、そういう核心部門じゃないところに、大量の労働力が吸収されていく形が見られるのです。

在日朝鮮人と職業

そういう日本の中の階級・階層構造の変化に応じて、基本的な生産点からややはずれた三次産業部門が急速に拡大するから、在日朝鮮人の生活の場としては、ますますその領域での一定の拡大がうながされていく。高度成長が在日朝鮮人の生活条件にもたらした影響はこういう形ではなかったかと思います。そして、以上のことがたぶん、在日朝鮮人の中に、新たな一定の階層分化を生んでいると思われます。実態調査もなしに仮説的に言っている訳ですけれど、三次産業部門の中での階層分化、そして一方、工業諸部門の中での低賃金に依拠する部門への労働力の固定化ということがあるかと思われます。

労働者の中での階層構造について言えば、一般的に戦前以来の零細経営がなり立つような産業部門に、低賃金・悪条件が固定していく傾向がはっきりしてくる。日本全体としても、労働者階級の階層構造がある固定性を帯びて編成されるしくみがこの間すすんだのですが、そういう中で特に在日朝鮮人の若い労働者層からみれば、そういう差別的な労働者の編成の底辺に一貫して生きていくしかないんだと、それが運命であるかのように実感せざるを得ない状況が強まっており、希望がもてない立場に、一つの既成秩序が重苦しくのしかかっている状態が高度成長にほかならないといえます。

GNPがこれだけ伸びたといわれる中で、俗に陽のあたる層とあたらぬ層と言われますが、陽のあたらぬ側の在日朝鮮人にとって、それはやりきれない気持を倍加させているると思われます。

「朝鮮人部落」

このことと関連して、印象論ですが、このごろ朝鮮人部落がややさびれてきていはしないかと気になっているのですが、どうでしょうか？

少なくとも五〇年代までは、朝鮮人部落が生活共同体としての機能を何程か持っているということがあった。隣のことは我が家のことという連帯感、実際よくも悪くもそうあらざるをえないあけっぴろげな生活条件、これは戦前の一番厳しい条件のもとではいやおうなしにそうだったのが、そういう戦前以来の、日本人の場合にはとっくに失われていたような人間関係が、特に集中的に生活している朝鮮人を中心とする生活圏では、ずっと戦後も続いてきたといえるのではないでしょうか？

そういう関係を共同体と仮りに名づけますけれど、生活共同体としての朝鮮人部落の中でお互いに支えあい、またぶつかりあいもし、また知らず知らずのうちに親の世代から子の世代へさまざまな生き方にかかわる価値観も伝えられていく、そういう空間が五〇年代以前には確かにまだ生きていた。そういう関係が高度成長のあおりをうけて、成りたちにくくなったとすれば、これはある意味で大きな問題ではないでしょうか？　事実だんだんそういう方向へむかわせようとする力が確かに働いているように思われます。「近代化」とでもいうべきでしょうか……。

個々人がバラバラに、資本に雇われ、働き場所を求めていく。そこでの生活と住んでいる場所での生活が、分離されていく。そうした「近代化」した生活環境の中で、それぞれの家族が比較的孤立して相互に疎外感を強めながら生活していくように強いられる。隣の生活の問題と自分の生活の問題が必ずしも関係ないし、よくもわるくもかまいもしない。

日本社会では大都市の団地やアパートなどで、もっともそういう形が極限まですすんでいる面があるのですが、在日朝鮮人の生活圏の中にもそういう影響が及んできていはしないかということであります。もっとも、これは、例えば神戸、大阪——さまざまな手仕業・工業労働の比重がかなり高く、幾つかの産業部門が集中的に地域で支えられているような生活圏をもつ——の場合と、関東等には多いのですが、在日朝鮮人がまとまって住んでいる領域はあるけれど、生活自体はかなりバラバラで、だんだん意識の面でもバラバラになっていく、というようなところではややちがうかもしれません。そしてさらに、経済的条件が許せば朝鮮人部落と離れていくということもあって、まわり中日本人という中で一軒だけで生活しているという形が多くなってもいる。このばあいはまた前のいずれともちがってくるし、三次産業・土建部門など、生活の領域によってもおのずから生活様式がちがってこようし、とにかく意識の面でも多様化が進んできている面があると思うんです。とくに孤立して住んでいるばあいには、つきあう隣近所もみな日本人ということで、経済条件は朝鮮人部落に残っている人たちより一般的にはましでも、「同化」「風化」といわれる現象に対しての抵抗の基礎をどこにもつかということの悩みがむしろより深刻だという気がします。

在日朝鮮人運動の展望

以上高度成長下の矛盾のさまざまな新しい表われ方に——それはまだ正確に分析しきれない事でありますけれど——、何らかの形で変化があることは誰しも感じていることととでしょう。それがたまたまよく言われる一世から二世三世への世代交替の時期と重なったことにより、改めて主体的条件を問いかえさねばならない切実度を増したといえましょう。

一世の世代が担ってきた、五〇年代までの運動のように、本国で何かことが起これば、これは大変だ何とかしなくっちゃとおのずから運動が形成されていったような状態とは明らかに今は違う。それは、意識的に何をしなければならないかを、頭で、理屈で考えていく過程も避けられないような、そういう変化でもあると思うのです。運動を担う側から言えば、五〇年代のように打てばひびくということではありえない。それを五〇年代のようだといいのになぁと言っていても仕方がないので、七〇年代の今の状況に即応した新しい運動の形態を模索しなければならないという問題意識は、すでにある程度民族団体の中にも芽生えているといえましょう。

現にこの状況にとりくむために、諸民族団体はそれぞれの仕方で苦労されている訳ですし、今までの民族団体とは直接に関係ない所で、全く孤立した個人または小サークルの試行錯誤等が現われ始めておりますし、日本人の側にもそのような問題状況が若干見えてきた部分もあって、そのことの中で新たな共同闘争はどういう形であるべきかという様な論議がでてきたりしているのは、いわば必然だと思います。みんな、そういう客観情勢の変化を、少くとも漠然と無意識のうちにおさえた上で、でてきている形かと思います。

それじゃいかにあるべきか、そういう話は、ここで私の立場で展開すべきことではないんだろうと思います。最後に関連することで気づいた点を一、二言っておしまいにしたいと思います。

日本人の問題として

第一に、在日朝鮮人の生活そのものが今言ったような形になってきているなかでは、日本人はますます在日の生活を守る闘いの単なる傍観者ではありえなくなっているということです。現に差別との闘いを一つ一つ組んでいく個別闘争の領域で試行錯誤が始められてもいます。

例えば朝鮮人が労働者として企業に雇われているとすれば、労働の現場での生活の条件ということの限りでは、差別があいかわらずつきまといながらも、同じ労働者として日本人と同じ生活点での問題に直面することになります。といってても具体的にはいろんな局面をもっている訳ですけど、在日朝鮮人でも日本人の労働組合のある企業に入れば、かっての様な日本革命の一端を担うということじゃなくて、労働者としての生活を守るという次元で、具体的な労働者としての生活擁護ということで、当然組合に加入することになる。そのようなことは、いわば当り前のことでしょうが、そうなれば朝鮮人であるが故に労働者としての生活権を守る闘いで差別的に弾圧されるということが起こりうるわけで、日本人労働者の側にこれを許さない様な闘いの質が必然的に求められることになります。

そのような局面が実際あると思うのですが、労働現場での闘い、またなかなか困難ですけれど地域での闘いを含めて、とりわけ差別との闘いにおいて、日本人の側の主体的な認識が不可欠だと思うのです。その認識に基づいて朝鮮人の現実生活から発するさまざまな問題が、ストレートに要求として展開され認識され、それが行政権力等にぶつけられていく媒体となる場が、共同闘争という言葉で表現されているものでしょう。

そういう場を作り出す営みは現に試行錯誤的にすすんでいる状況があると思います。それはまだ、理論的基礎も必ずしも確立されてはいないし、試行錯誤をかなり含むと思いますけど、どういう形にせよ、一方で在日朝鮮人の主体性が確保されている前提のもとで、日本人の側にも、主体的な活動、つまり朝鮮人の言うことだからそれを代行、代弁するというそういうレベルとは違ったレベルでの日本人の側での活動、あるいは個人の営みというようなものが、系統的に生れてこなければならない。そうしないと五〇年代とは違うこの状況の中では、問題は解決されていかないということがあると思います。

自由な討論の必要性

それから次には、それをどういう形で具体化していくべきかという問題が、さまざまな場で自由に議論されることが必要だと思うのです。とりわけ、こういう状況変化の中で、教育ないし文化活動の領域が改めて浮きぼりにされてきているということがあります。もちろんこれは第一に在日朝鮮人自身のそして若い世代自身の如何に生くべきかという自問に表われているように、在日朝鮮人自身の課題としてある訳です。が、そのようなことについての自由な議論がなされ、あるいは、いわば在日朝鮮人を主人公とする自由な領域に、どのような形かで日本人がかかわる場があるべきなのかどうか？　現に経験的にはかかわらざるをえない領域があるわけですから、このことはこのさいもっとつきつめて考える必要があると思います。

とにかく、本国とは異なる点があるとしても、朝鮮人独自の生活文化が生活点において、今までわりに自然と継承されてきたのに対し、明らかにこれからは意識的に継承していかなければならない時代です。とすれば、これからそれがどういう形ででき上るのかということが、早急に答を出されねばならない問題として目の前にあらわれてきているといえましょう。

以上の様な在日朝鮮人の生活に伴うことがらと、もう一方の先にのべた本国との関連で生ずる統一の問題とが、前者から出発して有機的に組みたてられるということが、在日朝鮮人運動が今課題として直面していることだと言えます。

最後の方はかなり断片的なことになりましたし、決して十分ではない訳ですけど、とりあえず気がついたことを幾つかのべてみました。全体としても非常に飽き足らないところが多いですが、ひとまず話を終えます。

◇第三部の注

①　あまりみられない文献なので全訳しておくことにします。

朝鮮民主主義人民共和国南日外務相声明

日本に居住する朝鮮人民に対する日本政府の不法な迫害に反対し抗議する

朝鮮民主主義人民共和国政府は、日本政府が日本に居住する朝鮮人に対して不法な迫害を敢行している事実と関連して次のとおり声明する必要があると認める。

日本政府は、日本に居住する朝鮮人が自からの祖国の自由と統一、独立のために、李承晩傀儡徒党と外来侵略者に反対して闘う自由を抑圧し、彼らの活動を弾圧しているばかりでなく、朝鮮民主主義人民共和国の公民としての彼らの正当な権利を無視し、彼らに李承晩徒党のいわゆる「韓国」国籍を強要してきた。また、彼らを強制追放し、不法検挙した上にその財産を没収し、彼らに職業の自由を与えず、彼らの民主民族教育の権利を剝奪するなど、一連の不法な迫害を敢行してきた。最近にいたっては、これをますます乱暴に敢行しているが、日本の出版物に報道されている次のような事実が、これを如実に証明している。

日本政府は「外国人登録法」により一九五二年九月二九日付で、日本に居住する朝鮮人を登録するに当って、朝鮮民主主義人民共和国公民として登録することを希望する朝鮮人の要求を拒絶し、彼らに「韓国」国籍を強要したばかりでなく、これに反対する朝鮮人に対して迫害を加え、強制追放すると脅した。

また大村収容所をはじめ各地の収容所に朝鮮人を不法検挙して強制収容し、あらゆる迫害を加えており、また強制追放している。

一九五二年五月二五日、長崎収容所に監禁されていた四一〇名の朝鮮人を強制的に李承晩徒党に引き渡した事実をはじめ、すでに三十余回におよぶ強制追放を敢行した。

かくして数多くの朝鮮の愛国者たちは、李承晩逆徒の憲兵と警察によって野獣的な拷問と虐殺を被った。

一九五四年二月二四日、日本政府は約千五百名の武装警察を動員して岡山県水島地区に居住する朝鮮人を襲撃、逮捕し、三三万円の財産を没収した。一九五四年三月二三日には、五百名の武装警察を動員して佐世保市にある朝鮮人部落を襲撃し、数十名の重軽傷者を出させたのち、約二百万円に達する財産を没収した。

この外にも、東京、京都、神戸等各地の朝鮮人部落に対する襲撃事件が頻煩に発生している。

一九五四年二月十九日、日本政府の通商政務次官は、衆議院通商委員会で、一九五四年四月二八日から日本に居住する朝鮮人の鉱山権及び船舶権を剝奪することを宣言した。

一九五四年二月十二日、東京都教育委員会は、朝鮮児童から母国語による民族教育を受ける自由を剝奪するいわゆる六項目の制限条件を強要し、一九五四年三月十一日、東京警視庁は私服警官五〇〇名を動員して、都立第一朝鮮人小学校文京分校を捜索し、五名の教員を逮捕し、一九五四年六月十一日、東京都教育委員会は、東京にある朝鮮人学校全部を閉鎖することを決定した。

朝鮮民主主義人民共和国政府は、日本に居住する朝鮮人に対する日本政府の以上のような不法な迫害は、外国人の法的地位に関する現代国際法の公認する原則と慣例の乱暴な違反であると認める。

在外朝鮮人の正当な権利を保護することは、朝鮮民主主義人民共和国政府の確固不動の政策である。朝鮮民主主義人民共和国政府は日本政府に対して、日本に居住する朝鮮人の朝鮮民主主義人民共和国公民としての正当な権利を認め、彼らが自からの祖国の自由と統一、独立のために李承晩傀儡徒党と外来侵略者に反対して闘う自由を保障し、すでに強制収容している朝鮮人を即時釈放して強制追放を中止し、日本における朝鮮人の居住及び就業の自由と生命財産の安全及び民主民族教育等、一切の正当な権利を保障し、不法に没収した一切の財産を返還するよう要求すると同時に、このような事態を今後くり返さないための措置をとることを要求する。

一九五四年八月三〇日

② 在日本朝鮮人総聯合会の綱領全文は次のとおり。

一、我々は在日全朝鮮同胞を朝鮮民主主義人民共和国政府のまわりに総結集させ、祖国の南北半部同胞との連係と団結を緊密強固にする。

二、我々は祖国の主権と領土を侵害し内政に干渉する米帝国主義者を首魁とする一切の外来侵略者を撤退させ、その手先である李承晩逆徒を孤立させ、祖国の平和的統一、独立のために献身する。

三、我々は在日朝鮮同胞の居住、職業、財産及び言論、出版、集会、結社、信仰等あらゆる民主的民族権益と自由を擁護する。

四、我々は在日朝鮮同胞の子弟たちに母国語と文字による民主民族教育を実施し、一般成人の中に残っている植民地奴隷思想と封建的遺習を打破して文盲を退治し、民族文化の発展のため努力する。

五、我々は国籍選択と亡命の自由を固守し、強制収容、強制追放に反対し、その犠牲者の救援のために努力する。

六、我々は祖国と日本との経済文化交流、通信渡航の自由および国交の正常化、両国民の友好親善のために努力する。

七、我々は侵略的軍事同盟と戦争に反対し、原子兵器、水素爆弾、細菌兵器等一切の大量殺人兵器の改造及び使用禁止と国際紛争を協議の方法で解決することを要求する。
八、我々は互恵平等な友邦諸国人民及び全世界平和愛護人民との連係をいっそう固くする。

③ 例えば、序文の中に「とりわけ、朝鮮民主主義人民共和国の国際的地位が高まったから『転換』するのだという意見は、正しくない思想である。この意見は、朝鮮民主主義人民共和国がすでに一九四八年に創建され、ソ連をはじめ人民民主主義諸国家と同盟関係を結んでおり、在日朝鮮人もその公民となった歴史的事実とその革命的意義を、一九五五年になって『情勢』が好転したからはじめて認めるのだという思想であり、今後も『情勢』如何によっては再び否定するかもしれないという思想である」というようなくだりがある。

④ 例えば、一九五四年十一月十日に民戦五全大会で採択された「一九五五年度の活動方針」は、すでに南日声明のさし示した方向への路線転換をうちだしているものだが、その中で、おそらく批判者たちを意識して「国際的にも、国内的にも、情勢は大きく転換しているが、在日六十万同胞の統一と団結をつよめるためのたたかいの先頭でたたかっている幹部と活動家の責任は、いっそう重大となってきている」とのべている。なお、この文書には、この段階で民戦を離れた李康勲らに対しての激しい批判の言葉もある。

⑤ なお、在日本大韓民国居留民団の現在の綱領は次のとおり。
一、我々は大韓民国の国是を遵守する。
一、我々は在留同胞の権益擁護を期する。
一、我々は在留同胞の民生安定を期する。
一、我々は在留同胞の文化向上を期する。
一、我々は世界平和と国際親善を期する。
これは、一九四八年九月八日に採択されたものである。その後民団の執行体制や機構などは、本国直轄、維新民団化等の変遷の中でいろいろ曲折を経ているが、綱領は現在までこの形のまま引き継がれている。

⑥ 日韓条約法的地位協定に基づく「日本国に居住する大韓民国国民の法的地位及び待遇に関する日本国と大韓民国との間の協定の実施に伴う出入国管理特別法」によって規定された在留資格で、その申請期間は一九六六年一月十七日から七一年一月十六日までの五年間であった。

質問への答

Q―（年配の在日朝鮮人）―戦後のやみ市と関連して椎熊発言についてのべられたが、当時の私達朝鮮人は、方法の面で非難をうける面もあったかもしれないが、自分の力で生きねばならぬ状況下でけんめいに働き、生きてきた。そのことが今日の朝鮮人差別につながっているとは……？

答―そこにはやはり差別する側（いまの日本人の側）のより大きな問題であると思います。いまのご発言の中で、「それなら八・一五以前の日本人が朝鮮人にどれだけひどいことをしたか？　戦後の一時のことなどその何十分の一じゃないか」とは決していうまいとされ、むしろ「朝鮮人の側にも」と反省的に発言された姿勢というものを、我々は大変な克己とうけとめます。実際あったとしても何十分の一なのですから……。

しかし、いまでも現実に戦前の加害を忘れて、その何十分の一のことをいいつのることで、いまの差別を合理化している日本人が沢山います。そういう意識をみすえるためにこそ、多くの日本人に今の発言を聞いてもらい、それに見合う自分の側の姿勢を考えてほしいと思います。ましてこうしたことがらの一面をいいつのって若い人へ差別意識をあおろうとするようなものは本当に許せません。例えば、一九七〇年八月三〇日、九月六日、十三日号の『少年サンデー』は、梶原一騎原作「おとこ道」なる劇画を掲載し、そこで「……最大の敵は日本の敗戦によりわが世の春とばかり、ハイエナのごとき猛威をふるいはじめた、いわゆる第三国人であった!!」とあおり、主人公をして「殺《や》られる前に殺るんだ、三国人どもを!!」といわせたほどであった。こんなことがどれほど排外主義をあおることか？（『朝鮮研究』九六、九七、九八号）

Q―朝連の選挙権要求についてのべられたが、現在若い朝鮮人の中にある範囲で、この運動を通じてこそ差別構造を解体していけるという考え方でかかわっている人がいることをどう考えるか？

答――現在、在日朝鮮人の中でいまこれを要求して運動することをめぐって賛否が鋭くせめぎあっていることを充分承知しておりますが、ここで直接に運動の賛否をいうことは留保したいと思います。私の日本人としての立場で運動をすべきだとか、すべきでないとかいう筋合いではないと思うからです。ただ、いまの日本の政治状況が大きく変らないもとで、客観的にみてこの運動の獲得目標がどれだけの実現性をもつだろうかという点はさておき、もし、議会を通してという範囲で考えるなら、参政権を差別をなくさせる突破口とするということよりも、朝鮮人として生きる者に対してそのことを理由に差別することをストレートに禁じさせる差別禁止法のようなものの方がまだしも意味も効果も大きいし、在日朝鮮人全体がまとまれるものでもあろうと思います。

Q三 一九五〇年一月のコミンフォルムの日共批判を受けて、日共は所感派と国際派とに分れていくが、民対・民戦と韓徳銖のような批判派との対立を、それとかさね合せて考えることはできないか？　またこの対立は在日朝鮮人運動にどのように影響を及ぼしたか？

答――違うように思います。国際派と韓徳銖グループとは特別つながりがあるようではないし、考え方の質もちがうと思います。韓徳銖の方は、より一国主義的（民族的）であるという点でむしろ所感派の考え方との共通性の方が大きいといえます（組織的には無関係でしょうが）。在日朝鮮人で国際派に同調した人がいたかどうかについては、具体例を知りませんが、民戦ではなくて日本人の個別運動にかかわっていたような人々の中に個人としてはあったかもしれません。また、一九四八年十一月頃、共和国に向った金斗鎔を中心とするグループのその前後の頃の動きは「極東コミンフォルム」と直結することを志向したものといわれ、やゝ国際派に近い姿勢であったとはいえましょうが、大きな流れとはなりませんでした。なお、朝連、民戦に対する民族統一戦線的な角度からの批判は、韓徳銖以前に早くから幾つもの例があります。例えば、解放前一九二〇年代前半からの非常に古い活動家である白武《ペンム》（当時朝連書記長）が、一九四八年一月、民族戦線的運動論を提唱して、党から民族的偏向だと批判され、結局、書記長を罷免されてしまったということがあります。また、党内においていつも民族的であったといわれる金天海が一九五〇年一月に日本を脱出して共和国に行っていることも、その間の事情は不明なのですが、似たような事情によるのかもしれません。最後に、質問された範囲からははみ出しますが、以上のいずれの流れとも別に、日本国籍をもつ朝鮮人党員として、民対でないほかの中央部署で重要な役割を担っていた保坂（李）浩明、遠坂（崔）寛などのような人の存在することも記憶しておきたいと思います。

Q四　一九五五年以前一〜二年の「在日朝鮮南北統一促進準備会」の動きについて知りたい。

答——この動きは、一九五四年一月、李康勲民戦議長の民戦脱退から端を発するものとしてみるべきでしょう。李康勲と統一民主同志会（もと建青）は、もともとマルキストではなかったが、朝鮮戦争下では、李承晩独裁とその背後のアメリカ軍による祖国焼土化を目の前にしてこれに反対する想いから、民戦に合流してこれと闘った。しかし、停戦＝分断固定化という不本意な状況の中で、一方では民戦内で南北の対立軸に即して共和国支持の機運を強めるコミュニストたちがいたのだが、これに同調することは自らの思想的良心が許さず悩んでいた。そうした態度から共和国支持の側から厳しい非難を受けるようになり、ついに統一同志会員とともに自から民戦を脱退して、あくまで南北統一という困難な目標に固執しようとした。李康勲は失意のままやがて一九六〇年に韓国へ帰っていくが、「在日朝鮮南北統一促進準備会」を生み出した原動力はこの統一同志会系のもつパトスだったと思います。そして直接のきっかけは、五四年十月三〇日、共和国最高人民会議が韓国側ならびに在外の著名人に幅広く呼びかけた南北統一のアピールで、これに応ずる形で同年十一月三〇日には上記の準備会が発足し、五五年一月三〇日には「南北統一促進協議会」を発足させたのです。これには統一同志会系を中心とする民戦系と民団の反主流派（元心昌《ウォンシムチョン》や権逸《コニル》など）、さらに中立系の金三奎《キムサムキュウ》から朴春琴《パクチュンクム》（解放前の著名な親日派）までが名をつらねていましたが、民団主流が韓国と、民戦↓総連が共和国と、それぞれ政治的直結志向を強める分断固定化状況の進行する時流に逆らいきれず、大きく運動をもりあげることはできませんでした。発起人として名をつらねていた人の中にも、権逸の例のように二大対立組織のいずれかに戻っていった人もいます。結局統一同志会系などのいずれにもくみしない統一派がとりのこされてしまったわけです。このようにこの動きは、結局目的を達することなく終ったわけですが、この時代は大きく二大陣営に再編成されていく動きが最も強い統一運動にとって最も条件の悪い時期だったのですから、この失敗例をもってただちに条件ぬきに結局日本での統一運動はうまくいかないのだという「一般理論」化することはできないし、むしろこういう困難な条件下においてすらこうした質の運動があったことに分断を克服しようとする心情の強さを読みとるべきだと思います。（『朝鮮研究』一七〇号所載加藤晴子「朝鮮統一と民族団体の軌跡」参照）。

Q五　戦前および戦後の経験により、在日朝鮮人は日本革命への参加について「こりた」というが、現在の総連の日共への批判点は具体的にどこにあるのか？

答──「こりた」というのは、内面世界についての比喩的表現で、日本のなかでの諸党派間での理論的批判などとももと次元が異なることなので答えに苦しみます。

総連は先に申しましたとおり、内政不干渉原則を厳格に守っていて、日本革命についてとやかくいうことは一切しないという態度でいるわけですから、その意味ではお答えする材料がないわけです。ただ理論的レベルのこととしては、この頃日共側が暗に個人崇拝批判をしているわけですが（例えば『前衛』一九七九年九月号不破論文）、それに対しても、承服しているとは決して思えませんが、表立って反論を加えることはしていないわけです。一般理論上客観的にみて日共と朝鮮労働党との間に大いに差異点はあるようにみえますが、一時期の中ソ間みたいに公然と理論論争をやりあっているというわけではないのです。だから、具体的なことはやはり感覚的レベルでの感じにすぎないのですが、かっての総連以前の段階からの在日朝鮮人運動に対する無理解と誤った指導、そして「朝連をカンパのさいの利用対象程度にしかみていなかったこと」（山辺健太郎氏の晩年の回想的とらえかえしのことば）など、そしてそのことをきちんと総括しないような態度へのわだかまりは依然としてあるように感じられます。もっとも無理解へのわだかまりのかぎりでは批判対象は日共だけではありません。

Q六　統一ぬきには在日朝鮮人問題は語れないというが、その具体的内容はなにか？

答──こういう短兵急な設問が気軽になされるようなこのごろの状況自体に対して痛みを感じざるをえません。在日の場での統一運動が、例えば在日の生活領域の具体的な問題における共通のとりくみ、即ち在日の中での統一（ないし反分断）から出発するような、真にその名に値いするようなものになりえていないのではないかという問いと、在日の生活と統一とは関係ないという断定とは全くちがいます。設問の中に統一運動には生活に役立つ具体的内容などありえないという予断が含まれていなければ幸いです。実際、いま在日朝鮮人の生活と人権にかかわる個別の運動の領域で、分断ゆえに生じる困難にぶつからないことはないことが、どの領域ででも少しでもやってみればすぐ分るかと思うのですが。一つだけいえば、例えば教育の領域での民族団体間の利害や方針のちがいゆえに、それをいいことに、子供たちが日々に傷ついているような状況を行政側が放任しているという構造が明らかにあります。統一は在日の生活にとって必要条件であるが、それだけでは十分条件ではないと思います。

Q七　在日朝鮮人運動の負う二重の課題ということについて、二重の課題だけではなくて、日帝支配層といかに闘うかという第三の課題を把握すべきだと思うが、どう思うか。

答――もし、日本国家・日本社会の民族的抑圧・差別との闘いという意味でいわれているのなら、それこそまさに私のいう第二の課題にほかならないと思います。またもし、日帝権力打倒の課題というような意味でいわれているのなら、それもある意味では第二の課題の延長線上に見えてくるかもしれないものともいえましょうが、政治を変えないかぎり個別闘争は無意味というような認識には私は立っていません。この意味での第三の課題を意識するか否かは、窮極的には運動者の主体的な問題ですが、私は日本人として、在日朝鮮人に向って、第三の課題があるぞと提起するような我々の側の条件は、いま到底ないと考えます。もし日本人の側で、自分の確かな展望を読みきっていない中で、そうした提起をするとしたら、それは主観的意図の如何にかかわらず、かっての日共と同じような無責任な利用主義を結果するだろうと思います。

●主な参考文献（本文中にあげた資料は除く）（順不同）

○朴慶植「解放直後の在日朝鮮人運動」（『在日朝鮮人史研究』一～四、一九七七～）
○朴成珆「戦後在日朝鮮人運動史年表(1)～(3)」（『部落解放研究』一〇～十二、一九七七～七八）
○坪江汕二『在日朝鮮人運動の概況』（『法務研究』四六集三号、法務研修所、一九五八）
○李瑜煥『在日韓国人六〇万』（洋々社、一九七一）
○鄭哲『民団』洋々社、一九六七）
○〃『在日韓国人民族運動』（洋々社、一九七〇）
○成允植『朝鮮人部落』（同成社）
○李東準『日本にいる朝鮮の子ども』（春秋社、一九五六）
○京都朝鮮中高級学校編『遠い国でないことを』（汐文社、一九六六）
○民族教育研究所編『在日朝鮮公民の四・二四教育闘争』（朝鮮大学校出版部、一九七八）
○「朝鮮戦争前後の在日朝鮮・韓国人」（『かちそり』九号、金兄弟を救う会、一九七九）
○金相賢『在日韓国人～僑胞八〇年史』（檀谷学術研究院、一九六八）
○洪承稷・韓培浩「在日同胞の実態調査」（『亜細亜研究』五七、一九七七、『在日朝鮮人史研究』四、一九七九訳載）
○在日韓国居留民団『民団三〇年史』（同、一九七七）
○『世界革命運動情報』特別号（在日朝鮮人共産主義運動）一～三号（レボルト社、一九六九～七一）
○『在日朝鮮人団体重要資料集、一九四八～五二』（法務研修所、一九五二、湖北社復刻、一九七六）
○警備実務研究会『外事警察五十講』（武蔵書房、一九五七）
○朴在一『在日朝鮮人に関する綜合調査研究』（新紀元社、一九五七）
○小沢有作『在日朝鮮人教育論』（亜紀書房、一九七三）
○小沢有作編『在日朝鮮人』（近代民衆の記録一〇、新人物往来社、一九七九）
○ワグナー『日本における朝鮮少数民族』（一九五一、湖北社復刻、一九七五）
○森田芳夫『在日朝鮮人処遇の推移と現状』（法務研修所、一九五五、湖北社復刻、一九七六）
○金鍾述『渡日韓国人一代』（図書出版、一九七八）

○佐藤勝巳編『在日朝鮮人の諸問題』（同成社、一九七一）
○〃『在日朝鮮人――その差別と処遇の実態』（同成社、一九七四）
○宋松子「私の生きてゆく道」（『朝鮮研究』一七九、一九七八・六）
○鄭大均「池上町〝朝鮮人部落〟の社会関係」（『朝鮮研究』一八五、一八八 一九七八〜七九）
○金英達『在日朝鮮人の帰化〜日本の帰化行政についての研究』（自費出版、一九八〇）
○在日韓国青年同盟中央本部編『在日韓国人の歴史と現実』（洋々社、一九七〇）
○福地幸造、西田秀秋編『在日朝鮮青年の証言』（三省堂、一九七〇）
○金時鐘『さらされるものとさらすものと』（明治図書、一九七五）
○李仁夏『寄留の民の叫び』（新教出版社、一九七九）
○吉岡増雄『在日朝鮮人と社会保障』（社会評論社、一九七八）

＊付記　私の方の種々の雑事のため、おこしていただいたテープを読み返して手を入れる作業が大幅に遅れた。時間をおいて読み返してみると不充分な点ばかり目につく。また、話をして以後におこった客観状況の一定の変化をふまえてみると、分断状況についての悲観的すぎるニュアンスなどが気になりもする。しかし、といっていまさら論旨の枠組をつくりかえることもできないので、スジは基本的に話したときのものをそのまま生かさざるをえなかった。一歴史時点での発言の記録としてたたき台にしていただければ幸いです。

（一九八〇・一・三〇　梶村）

（梶村先生より二月初めに原稿を受け取った後、運営委員会の諸般の事情により発行が遅れました。お忙しい中原稿に手を入れて下さった梶村先生におわびいたします。編集部）

朝鮮史セミナーの記録

神戸・朝鮮史セミナー

第一期　朝鮮と日本―その連続と断続をめぐって―（一九七二・六〜十二）

①　6・10　古代Ⅰ　朝鮮の古代国家　井上秀雄氏
②　7・15　古代Ⅱ　モンゴール進入と義兵闘争　井上　秀雄氏
③　9・9　中世　いわゆる李朝封建制の成立と崩壊　韓　晳　曦氏
④　10・14　近代Ⅰ　近代朝鮮と日本　中塚　明氏
⑤　11・11　近代Ⅱ　朝鮮解放の闘い　韓　晳曦氏
⑥　12・9　第二次大戦後の朝鮮と日本―日韓条約と朝鮮統一問題―　中塚　明氏

第二期　近代における朝鮮と日本（一九七三・二〜六）

①　2・24　日本による朝鮮植民地支配と民族解放運動　中塚　明氏
②　3・24　日本帝国主義の朝鮮植民地支配　朴　慶　植氏
③　4・28　日本帝国主義の植民地収奪機構　安　秉　珨氏
④　5・26　日本統治下の宗教政策への抵抗と挫折　韓　晳　曦氏
⑤　6・23　「敗戦」と「解放」の意味　姜　在　彦氏

第三期　古代における朝鮮と日本（一九七三・九〜十一）

① 9・22　倭から日本へ　井上　秀雄氏
② 10・13　近代日本史学と古代の朝日関係　李　進　熙氏
③ 10・27　倭の五王をめぐって　坂本　義種氏
④ 11・24　飛鳥と朝鮮文化　門脇　禎二氏

第四期　現代朝鮮と日本（一九七四・二〜七）

① 2・23　現代朝鮮史の基軸 ― 統一運動を軸とした解放後の日朝関係　中塚　明氏
② 3・20　戦後における在日朝鮮人問題　飯沼　二郎氏
③ 4・27　在日朝鮮人の最近の問題　崔　忠　植氏
④ 5・25　在日朝鮮人の存在性と主体性　金　時　鐘氏
⑤ 6・22　在日朝鮮人形成の歴史　姜　在　彦氏
⑥ 7・20　韓国と日本 ― その関わり合い ―　鄭　敬　謨氏

第五期　朝鮮文化と日本〈１〉（一九七四・九〜十二）

① 9・28　朝鮮古代文化と日本　李　進　熙氏
② 10・26　朝鮮の陶磁器と日本　鄭　詔　文氏
③ 11・16　朝鮮の儒教思想と日本　姜　在　彦氏
④ 12・14　朝鮮近代文学と日本　金　時　鐘氏

第六期　朝鮮文化と日本〈２〉（一九七五・二〜六）

① 2・22　記紀・万葉の中の朝鮮語　金　思　燁氏
② 3・22　朝鮮の古書画　李　英　介氏
③ 4・26　朝鮮古代の仏像　中吉　功氏
④ 5・24　李朝の民芸　鄭　詔　文氏
⑤ 6・21　朝鮮の歳時風俗　姜　在　彦氏

第七期　江華島事件から百年（一九七五・九〜七六・二）

① 9・20　江戸期の朝鮮と日本の交流関係　李　進　熙氏
② 10・18　幕末から明治維新における征韓思想の形成　井上　清氏
③ 11・15　江華島事件前後　姜　在　彦氏
④ 12・13　日清・日露戦争と朝鮮　井口　和起氏

⑤ 1・20 皇国史観と朝鮮史学 旗田 巍氏
⑥ 2・28 江華島事件と現代 中塚 明氏

第八期 朝鮮の文学（一九七六・三〜七）

① 3・27 文学にみる朝鮮のこころ——古代から近世まで(1) 金 思燁氏
② 4・24 同 右 (2) 〃
③ 5・22 植民地下の朝鮮文学 梶井 陟氏
④ 6・19 現代の韓国文学 田中 明氏
⑤ 7・10 在日朝鮮人の文学 金 時鐘氏

第九期 朝鮮の抗日独立運動と現代の日朝関係 中塚 明氏
（一九七六・九〜七七・二）

① 9・25 植民地化に反対する抗日運動
② 10・23 三・一独立運動とその意義
③ 11・27 一九二〇〜三〇年代の朝鮮
④ 12・18 大平洋戦争下の日本と朝鮮
⑤ 1・29 解放、そして統一をめざして
⑥ 2・26 現代の日本と朝鮮

神戸学生青年センター開館五周年記念

朝鮮史特別セミナー（一九七七・四・二九）

シンポジウム「朝鮮史をどう学ぶか」 李 進熙氏
中塚 明氏
姜 在彦氏

第一〇期 わたしの朝鮮史—通史と史話 姜 在彦氏
（一九七七・五〜七八・七）

① 5・28 第一章
1. はじめに——朝鮮史の性格
2. 原始時代——石器・青銅器・鉄
3. 建国神話の「檀君」と「箕子」

② 6・25 第二章
1. 三国の形成と展開（高句麗、百済）

③ 9・24
2. 三国の形成と展開（新羅）
3. 朝鮮三国と古代日本
4. 史話——花郎の話

④ 10・22 第三章
1. 新羅による三国統一と渤海国
2. 円仁（慈覚大師）の入唐と新羅坊
3. 史話——王子好童と楽浪公主

⑤ 11・26 第四章

1. 新羅の滅亡と高麗王朝の創建
2. 二つの困難 ― 契丹と元の侵攻
3. 史話 ― 金傅王と麻衣太子

⑥ 12・17 第五章

1. 高麗期の仏教
2. 高麗大蔵経の話
3. 朱子学の伝来と排仏思想

⑦ 1・28 第六章

1. 高句麗の滅亡と李朝の創建
2. 鄭夢周と鄭道伝
3. 「咸興差使」ということ

⑧ 2・25 第七章

1. 集賢殿のスターたち
2. 死六臣と生六臣

⑨ 3・25 第八章

1. 李朝の女性像
2. 妓生・黄真伊の話

⑩ 4・22 第九章

1. 秀吉の朝鮮侵略
2. 江戸文化と朝鮮
3. 「ジュリア・おたあ」の話

⑪ 5・27 第十章

1. 朝鮮儒教における学派と党派
2. 朝鮮実学派

⑫ 6・24 第十一章

1. 一九世紀前半期の思想状況
― 衛正斥邪思想 ―
2. 天主教の伝来と殉教
3. 金笠の話

⑬ 7・22 第十二章
・一八七六年江華島条約

第十一期 朝鮮の古代・中世（一九七八・九～七九・三）

① 9・23 古代Ⅰ 朝鮮の建国 鬼頭 清明氏
② 10・28 古代Ⅱ 三国の興亡(1) 〃
③ 11・25 古代Ⅲ 同右(2) 〃
④ 12・16 古代Ⅳ 統一新羅の興亡 〃
⑤ 1・27 中世Ⅰ 高麗の成立と展開 北村 秀人氏
⑥ 24 中世Ⅱ 高麗の文化 〃
⑦ 24 中世Ⅲ 高麗の滅亡 〃

「江戸時代の朝鮮通信使」上映と講演の会

（一九七九・四・十五）

講演「朝鮮通信使の歴史的意義」　姜在彦氏

第十二期　李朝時代の思想（一九七九・五〜七）

① 5・26　朝鮮儒学の成立　姜在彦氏
② 6・16　朝鮮儒学の展開　〃
③ 7・21　実学思想の抬頭　〃

第十三期　朝鮮映画の夕べ（一九七九・九〜八〇・二）

① 9・22　韓国文化映画「ハングル」
大島渚監督「ユンボギの日記」
共和国風景映画「金剛山」
韓国風景映画「雪岳山」
② 10・27　共和国劇映画「崔鶴信の一家」
③ 11・24　韓国文化映画「中潤福の絵」
無明舎作品「沖縄のハルモニ ── 証言・従軍慰安婦」
④ 12・22　韓国文化映画「民俗博物館」
韓国劇映画「嫁入りの日」
⑤ 1・26　韓国劇映画「乱中日記」
⑥ 2・23　韓国文化映画「端午」
松山善三脚本、日下部水棹監督「忘却の海峡」

第十四期　朝鮮近代の民衆運動（一九八〇・三〜六）

① 3・22　朝鮮近代女性運動史　李順愛氏
② 4・19　朝鮮近代学生運動史　姜在彦氏
③ 5・24　朝鮮近代農民運動史　飛田雄一氏
④ 6・21　朝鮮労働運動史　朴慶植氏

大阪・朝鮮史セミナー

第一期　朝鮮史の見方（一九七四・十一〜十二）

① 11・16　古代史　井上秀雄氏
② 11・30　中世史　姜在彦氏
③ 12・7　近・現代史　中塚明氏

第二期　朝鮮の古代・中世（一九七五・二〜六）

① 2・21 古代日朝文化の潮流 上田 正昭氏
② 3・14 朝鮮の古代国家 井上 秀雄氏
③ 4・11 朝鮮の古代文化 朴 鐘 鳴氏
④ 6・13 朝鮮封建社会の特質 安 秉 珆氏
⑤ 6・27 高麗・李朝の文化 姜 在 彦氏
⑥ 7・17 高麗時代の武臣政権 北村 秀人氏

第三期 朝鮮の近・現代史―江華島一〇〇周年にあたって―（一九七五・九～十二）

① 9・11 開港後の経済的開化運動 安 秉 珆氏
② 10・23 反日義兵闘争 姜 在 彦氏
③ 11・14 一九二〇～三〇年代の朝鮮社会 中塚 明氏
④ 12・5 朝鮮戦争 井口 和起氏

第四期 朝鮮近代史特別講座（一九七六・一～六） 姜 在 彦氏

① 1・30 実学思想の形成と展開(1)
② 2・13 同右(2)
③ 2・27 江華島事件と日朝修好条規の締結
④ 3・12 近代朝鮮の開化運動(1)
⑤ 3・26 同右(2)
⑥ 4・ 封建体制解体と甲午農民戦争(1)
⑦ 4・ 同右(2)
⑧ 5・ 反日義兵運動の歴史的展開(1)
⑨ 5・ 同右(2)
⑩ 6・ 一九一九年三・一運動―その民族運動の中での歴史的位置

第五期 朝鮮文学特別講座（一九七六・九～十二） 金 思 燁氏

① 9・9 朝鮮文学の見方
② 9・23 古代の文学
③ 10・7 三国～統一新羅時代の文学
④ 10・21 高麗時代の文学
⑤ 11・11 李氏朝鮮時代の文学(1)
⑥ 12・2 同右(2)
⑦ 12・16 同右(3)

第六期 在日朝鮮人問題――その歴史と現状をめぐって（一九七七・四～七）

① 4・22 在日朝鮮人形成史(1) 姜 在 彦氏

② 5・27 在日朝鮮人形成史(2)　姜　在　彦氏
③ 6・10 在阪朝鮮人の歴史と現状　中塚　明氏
④ 6・24 見えない人々 ― 日本人の立場から見た在日朝鮮人問題 ―　飯沼　二郎氏
⑤ 7・29 解放後の在日朝鮮人運動 ― 日本政府の政策との関連で ―　梶村　秀樹氏

第七期　朝鮮を考えた日本人（一九七七・十二〜七八・四）

① 12・17 朝鮮の芸術と柳宗悦　李　進　熙氏
② 1・21 藤原惺窩と姜沆
― 江戸儒学と朝鮮　姜　在　彦氏
③ 2・24 雨森芳洲 ― 朝鮮語研究の先駆者　佐久間英明氏
④ 3・18 矢内原忠雄と朝鮮　高崎　宗司氏
⑤ 4・15 日本人の朝鮮キリスト教伝道者たち　韓　晳　曦氏

第八期　近代朝鮮の社会と経済
（一九七八・九〜十一）　宮嶋　博史氏

① 9・2 李朝末期における資本主義の萌芽
② 9・30 外国資本主義の侵入と開化派・農民戦争
③ 10・14 韓国「併合」と一九一〇年代の社会・経済
④ 10・28 三・一独立運動と一九二〇年代の社会経済
⑤ 11・11 「大陸兵站基地」下の社会と経済

第九期　近代朝鮮民族解放運動 ― 三・一独立運動を中心として ―　（一九七九・一〜七）

① 1・26 「三・一独立運動」　姜　在　彦氏
② 2・3 三・一前後のシベリア・〈満州〉での独立運動　梶村　秀樹氏
③ 3・23 三・一独立運動と朝鮮女性　宋連玉氏
④ 4・27 三・一以後の民族解放運動の流れ　水野　直樹氏
⑤ 5・25 一九二〇年代の農民運動　飛田　雄一氏
⑥ 6・22 光州学生運動(1)　姜　在　彦氏
⑦ 7・13 同右　(2)　〃

第一〇期　近代における日本と朝鮮の史話 ― 朝鮮史入門（一九七九・十〜八〇・三）

① 10・13 近代日朝関係の起点 姜 在 彦氏
② 11・17 朝鮮の開化と日本の侵略 〃
③ 12・15 日帝植民地支配の展開 〃
④ 1・19 朝鮮人民の抗争 〃
⑤ 2・9 朝鮮解放と朝鮮戦争 〃
⑥ 3・15 新日韓体制の諸問題 〃

第十一期 近代朝鮮文化史（一九八〇・四〜六）

① 4・26 近代朝鮮の歌謡曲史 山根 俊郎氏
② 5・17 近代朝鮮映画史(1) 辛 基 秀氏
③ 6・14 同右 (2) 〃

※ 大阪朝鮮史セミナー連絡先
〒562 箕面市桜井二ー九ー六ー三〇九 森川方
電話 〇七二七（二三）九三〇一

京都・朝鮮史セミナー

第一期 朝鮮史の見方、考え方（一九七五・四〜六）

① 4・17 古代 朴 鐘 鳴氏
② 5・15 中世 姜 在 彦氏
③ 5・29 近世 安 秉 珆氏
④ 6・12 近代 中塚 明氏
⑤ 6・26 現代 中塚 明氏

第二期 朝鮮の前近代（一九七五・九〜七六・二）

① 9・19 江戸期の朝鮮と日本の交流関係 姜 在 彦氏
② 10・23 スライド「高句麗古墳の壁画」 解説 永島暉臣慎氏
③ 11・23 古代朝日関係の再検討 上田 正昭氏
④ 12・12 皇国史観と朝鮮史学 旗田 巍氏
⑤ 1・22 李朝後期の社会と経済 安 秉 珆氏
⑥ 2，12 李朝儒学と日本 姜 在 彦氏

第三期 朝鮮の近代（一九七六・五〜七）

① 5・11 甲申政変をめぐる諸問題 安 秉 珆氏
② 6・1 甲午農民戦争と活貧党闘争 姜在彦氏
③ 6・22 「朝鮮併合」 井口 和起氏
④ 7・6 一九二〇〜三〇年代の 朝鮮社会

中塚　明氏

第四期　朝鮮民衆の近代的目覚め（一九七六・十～十二）

① 10・12　開化期の国文運動 ― 近代民族形成期の言葉と文字の問題 ―　　姜　在　彦氏

② 11・2　儒教教育から新教育への転換 ― 近代教育思想の形成 ―

③ 11・30　朝鮮儒教と女性 ― 呪縛からの脱出 ―

第五期　三・一独立運動六〇周年（一九七九・五～十二）

① 5・19　三・一運動の源流　　姜　在　彦氏

② 6・11　三・一運動の展開　　朴　慶　植氏

③ 7・7　海外における三・一運動　　〃

④ 9・22　三・一運動と中国五・四運動　　小野　信爾氏

⑤ 10・13　三・一運動と朝鮮の女性たち　　宋　連　玉氏

⑥ 11・10　三・一運動と日本のキリスト教界　　韓　晳　曦氏

⑦ 12・1　三・一運動の現代的意義　中塚　明氏

※京都朝鮮史セミナー連絡先
京都市北区紫野上若草町二七　水野直樹方
電話　〇七五（四九一）六〇一七

朝鮮史セミナー・夏期特別講座

第一回　在日朝鮮人・その形成と運動の歴史（一九七五・七・二六～二七）　朴　慶　植氏

1. 在日朝鮮人の形成
2. 在日朝鮮人運動史（一九四五年まで）
3. 在日朝鮮人運動史（一九四五年以降）

第二回　韓国民主化運動のめざすもの（一九七六・七・二四～二五）　鄭　敬　謨氏

1. 「民主救国宣言」とその後
2. 韓国民主化運動の歴史
3. 金芝河の世界

第三回　「わが文学、わが民族」

（一九七七・七・二三〜二四）　金　達　寿氏

1. 在日朝鮮人としての私
2. 私にとっての文学
3. 民族と歴史

第四回　近代における日本と朝鮮

―朝鮮民衆の闘いの軌跡―

（一九七八・七・二九〜三〇）　姜　在　彦氏

1. 「日韓併合」前の反侵略・反封建闘争
2. 植民地支配に反対する朝鮮人民の闘い
3. 「日韓条約」と韓国民主化運動

第五回　解放後の在日朝鮮人運動

（一九七九・七・二八〜二九）　梶村　秀樹氏

1. 解放直後の在日朝鮮人運動
2. 朝鮮戦争下の在日朝鮮人運動
3. 映画上映「江戸時代の朝鮮通信使」
4. 分断固定化時代の在日朝鮮人運動

広島・朝鮮史セミナー

第一期　朝鮮通史　（一九七六・五〜十一）

① 5・29　日本と朝鮮を考える　李　進　熙氏
② 6・13　高麗から朝鮮へ　北村　秀人氏
③ 9・11　江戸期の日朝交流　姜　在　彦氏
④ 10・23　三・一独立運動について　姜　徳　相氏
⑤ 11・26　日本帝国主義下の民族解放闘争について　朴　慶　植氏

第二期　朝鮮の文学　（一九七七・一〜五）

① 1・19　朝鮮の文学を語る　金　達　寿氏
② 2・27　植民地下の朝鮮文学　金　時　鐘氏
③ 4・22　分断時代の朝鮮文学　尹　学　準氏
④ 5・27　わたしにとっての文学　高　史　明氏

第三期　在日朝鮮人　（一九七七・六〜十二）

① 6・18　在日朝鮮人の歴史　姜　在　彦氏

② 9・10 三二年目の被爆朝鮮人 平岡 敬氏
在日朝鮮人に対する就職差別 佐藤 勝巳氏
③ 10・15 在日朝鮮人の教育 小沢 有作氏
④ 11・12 在日朝鮮人の法的地位 田中 宏氏
⑤ 12・10 在日朝鮮人問題を考える 梶村 秀樹氏

第四期 日本人と朝鮮 (一九七八・五〜十一)
① 5・27 内村鑑三と朝鮮 飯沼 二郎氏
② 9・9 吉野作造と朝鮮 松尾 尊兊氏
③ 11・11 柳宗悦と朝鮮 高崎 宗司氏

「江戸時代の朝鮮通信使」上映会 (一九七九・四・二一〜二三)

第五期 今日の朝鮮 (一九七九・五〜十一)
① 5・13 南北朝鮮の経済と日本 桜井 浩氏
② 11・3 南北朝鮮の政治 梶村 秀樹氏

広島・三千里講座「教科書にかかれた朝鮮」(共催) (一九七九・十一・二四〜二五)
上田 正昭氏
姜 在彦氏
李 進熙氏

「沖縄のハルモニ」上映会 (一九七九・十二・十五)

第六期 広島と朝鮮 (一九八〇・五〜十)
① 5・3〜4 朝鮮通信使の道を行く 李進熙氏、姜在彦氏
② 10・19 広島の中の朝鮮文化 金 達寿氏

＊広島朝鮮史セミナー連絡先
〒734 広島市南区翠五丁目三ー十五 美鈴荘
原田方
電話 〇八二二(五五)六五七八

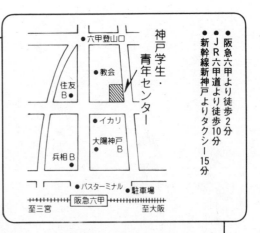